EDMUNDO

José A. Beteta
(1861-1930)

COLECCIÓN CLÁSICOS
CENTROAMERICANOS

1896

CASASOLA EDITORES

Título: *Edmundo* (1896)
Autor: José A. Beteta (1861-1930)
Colección Clásicos Centroamericanos ©
Casasola Editores 2015 ©
p. 5.25 x 8 pulgadas
ISBN-10:194236914X
ISBN-13:978-1-942369-14-1

Transcripción del texto original: Melissa Gabriel.
Prólogo y revisión del texto: Óscar Estrada
Portada y diagramación: Casasola Editores ©.
Fotografía de portada: James Owen Collins.

***

casasolaeditores.com/ info@casasolaeditores.com
Apartado 2171. Tegucigalpa, Honduras.

***

José A. Beteta (1861-1930) Escritor y político guatemalteco, Ministro del ejértito, Embajador en varios países, destacado parlamentario, autor de varios libros entre los que destacan: *Unión Centroamericana, Evolución Histórica de Guatemala, El Centenario de Benito Juárez* y *José Francisco de Burrundia*. Su obra es patrimonio de las letras centroamericanas. La publicación de este libro se hace con fines educativos y para el fortalecimiento de la literatura. Esta edición ha sido hecha sobre el texto original de la Edición de 1896 publicada por Tipografía Nacional de Guatemala, biblioteca "El Progreso Nacional". Copia depositada en la biblioteca de la Universidad de Harvard, Massachusetts, bajo número: SAL 1932.1.31 SAL-2732.S5

LOS SÍMBOLOS ROMÁNTICOS EN LA NOVELA
EDMUNDO (GUATEMALA, 1896)
DE JOSÉ A. BETETA

El romanticismo europeo, surgido en la primera mitad del siglo XIX como parte de los cambios culturales que impulsó la revolución industrial, entendida esta como la transformación económica, social y tecnológica que se inició en la segunda mitad del siglo XVIII en el Reino Unido y que se extendió unas décadas después a gran parte de Europa occidental y Estados Unidos, tuvo un impacto trascendental en la vida política y cultural de América Latina.

Opuesto desde su inicio a la estricta sistematización positivista, que afirmaba que el único conocimiento auténtico es el conocimiento científico, en una época de grandes cambios políticos y económicos, el romanticismo enalteció la sensibilidad y el corazón, por sobre la razón pura[1] y la rigidez de las

---

1 Cuestionar la Razón como facultad de conocer y tomar consciencia de las limitaciones de la filosofía, en tanto que la metafísica quiere acceder a la condición de ciencia, es el propósito que Kant abordó en *Crítica de la razón pura* (1781). Hasta entonces la metafísica oscilaba entre el empirismo y el racionalismo. Kant intentaba eludir esta alternativa, demostrando que si todo conocimiento supone la dimensión experimental del objeto, ésta implica también una disponibilidad innata en el sujeto. Y, de hecho, Kant se pregunta si es posible hacer de la metafísica una ciencia a semejanza a las matemáticas o la física.

normas de la cultura neoclásica.[2]

Para el romanticismo, lo más importante era todo aquello que tenga que ver con la fantasía, lo irracional y la imaginación. Octavio Paz (1914-1998) lo definió en su libro *Los hijos del Limo*, como «algo más que una estética y una filosofía: una manera de pensar, sentir, enamorarse, combatir, viajar. Una manera de vivir y una manera de morir».

Publicada en 1896 por el abogado, político y magistrado guatemalteco José A. Beteta, la novela *Edmundo* fue escrita bajo el optimismo de los cambios legados por Justo Rufino Barrios[3] con la revolución

---

2 El término «Neoclasicismo» venía a reflejar en las artes los principios intelectuales de la Ilustración, que desde mediados del siglo XVIII se vino produciendo en la filosofía y que consecuentemente se habían transmitido a todos los ámbitos de la cultura. Fue un movimiento intelectual que provocó que se conociera al siglo XVIII como «Siglo de las luces». Rechazaba el dogma religioso y exaltaba la Razón y la ciencia como fuente de todo conocimiento. En la literatura, hizo uso del ensayo como forma de divulgar las ideas, contrario al romanticismo que volvió a la novela y la poesía como recursos.

3 Justo Rufino Barrios (1835-1885) Político guatemalteco, presidente de Guatemala entre 1873 y 1885. Acometió una serie de reformas y debilitó el poder de la Iglesia. Su gran ambición era integrar a los cinco Estados independientes de América Central en una federación y, al no verse apoyado por el resto de los países centroamericanos, declaró la federación por su cuenta y se dispuso a sostenerla con las armas. Murió en el campo de batalla, cuando trataba de invadir con sus tropas el pueblo salvadoreño de Chalchuapa.

liberal en 1871.[4] Transcurre en el año 1864, entre las ruinas[5] de los edificios y conventos que permanecen a medio destruir después del último terremoto la ciudad de Antigua Guatemala; un ambiente oscuro y despiadado, en donde las esperanzas de libertad se encuentran oprimidas por la tradición colonial de la tiranía de Rafael Carrera y Turcios.[6]

4 Escribe el hondureño Ramón Rosa en el prólogo de *Poemas* de José Joaquín Palma en 1882, lo que podemos reconocer como la inspiración intelectual de la Revolución Liberal de Guatemala de 1871: «En América, en donde la instrucción popular se difunde con la celeridad de la luz, y en donde no existen, como en Europa, muy arraigados y tradicionales intereses religiosos, que dan poder y privilegios a numerosas clases sociales; en nuestra América, en donde la libertad de conciencia es ya una conquista definitiva: todas, todas las religiones positivas tienen que desaparecer, en no remoto día, con sus artificiosos y contradictorios dogmas, con sus litúrgicos aparatos teatrales, con sus sangrientas historias, con sus egoístas y mal disfrazados intereses mundanos, con sus hipócritas santidades, con sus privilegiadas y ensoberbecidas castas, y con sus execrables tiranías [...]».

5 Los pasajes lúgubres, el mar embravecido, las tormentas, la noche, los cementerios, las ruinas, constituyen típicos escenarios románticos que contribuyen a mostrar el estado de ánimo de los personajes.

6 Rafael Carrera y Turcios: (1814-1865) Jefe de Estado y presidente vitalicio de la República de Guatemala. Probablemente el mayor representante de la tendencia conservadora en Centroamérica del siglo XIX. Fue el máximo dirigente que luchó contra Francisco Morazán, y se le considera el principal causante de la disolución de dicha Federación, al impedir que los liberales despojaran a los conservadores de los privilegios de que hasta entonces disfrutaban.

Edmundo, el hijo de una redimida cortesana, llega con su madre a la Antigua a cobrar una herencia que les debe el párroco de la ciudad. Aquí el amor redime a la prostituta Margarita (madre de Edmundo), quien renunció a su vida de pecado para alimentar con su amor de madre la virtud y el orgullo de su hijo.

Dice Margarita, al descubrirse vieja y débil:

...Cuando penetramos en la esfera del vicio, seducidas por los halagos del lujo y arrastradas por la magia de la riqueza y del placer, aturdidas por el ruido de los goces impuros, en medio del estrépito que forma en torno nuestro la pléyade de aduladores que se disputan nuestra belleza, no sabemos que puede llegar un día en que el amor de madre nos inspire el capricho de ser honradas, y que entonces seremos infelices, muy infelices. Porque dados los primeros pasos en la senda de el vicio, no puede retrocederse, si no en fuerza de enormes sacrificios. ¿Y cómo borrar de nuestra mente el recuerdo horrible de un pasado licencioso? ¿Y cómo hacerlo olvidar a los demás? ¿De qué te servirá desprenderte de tus riquezas, cambiar tus costumbres depravadas y viles por hábitos de gente honrada, si llevarás siempre escrito el estigma con que la corrupción te marcó la frente?

más adelante:

(...) ¡qué mujer que a un tiempo ha tenido muchos amantes puede decir aunque lo sepa, quién es el padre de su hijo? ¿Quién la creerá? ¿Cómo evita la desconfianza? ¡Gran Dios! Y cuando este hijo, abrumado por

semejante revelación, quiera saber quién es aquella madre que sin embargo de haberla enseñado a amarla, no puede decirle el nombre del autor de su existencia, ella se verá forzada a guardar un silencio penoso; pero no faltará un conocido que le descubra el velo misterioso y le diga: "Tu madre era una muchacha pobre, hija de honradas gentes. Seducida por un noble huyó de la casa paterna, dejando a su familia hundida en el dolor y la vergüenza. A poco tiempo, cansado de ella, su primer amante la abandonó; ella tomó a otro aún más rico; y así fue caminando en el sendero resbaladizo de la prostitución.

y concluye:

(...) Ella ha pisoteado con su planta todo cuanto existe de bello, noble, generoso y puro; y ahora la sociedad en cambio la rechaza de su seno y la maldice, y ahora busca en vano un padre para su hijo y no lo encuentra, y anda aislada, errante, sin hogar y sin pan... Y el hijo de mis entrañas vendría a mí y me diría: "Madre, madre, porque no me has ahogado en tu vientre en vez de darme una existencia oprobiosa y un nombre miserable?... ¿Qué le respondería entonces?...

Por razón del difícil viaje desde San Salvador hasta Antigua, Margarita cae gravemente enferma. Su temor a morir y dejar desamparado a su hijo en una ciudad hostil, la hace escribir una carta a Mendivar, su expareja y padre de Edmundo, quien ahora es un respetado juez y que ante el temor de poner en peligro su prestigio, se niega a recibirlos y darles cualquier ayuda.

Dice Mendivar:

Al poco tiempo escribiome, (Margarita) diciéndome que había tenido un niño y que era mi hijo, de nuevo la rechacé, no sólo porque dudaba de mi paternidad, sino porque a mi edad, en mi posición, próximo a recibirme, no me era posible lanzar a la familia una mancha tan deshonrosa como la de aceptar un hijo natural.

El gobernante, en la novela romántica latinoamericana, constituye parte del paisaje opresor y decadente; es el tirano cruel e insensible, frío, despiadado e inflexible al que hay que enfrentar. Si bien en la novela *Edmundo*, el gobernante permanece distante y ajeno a la trama, es el juez Mendivar quien representa el poder sobre la vida de Edmundo. Su naturaleza cobarde, preocupado más por mantener su estatus social que por el bienestar de su hijo, le hace condenarlo a muerte. Cabe resaltar que aunque en el romanticismo los personajes no cambian y permanecen estáticos representando símbolos de la naturaleza humana más que personas reales, las circunstancias obligan a Mendivar a reflexionar resarciendo el daño causado a costa de su cordura.

Más adelante encontramos a Edmundo, que deambula desesperado por la ciudad, buscando trabajo. Llega hasta un banquete construido como una puesta en escena, en donde los ricos comen frente a los pobres que esperan las sobras para abalanzarse como animales sobre ellas. Edmundo, sorprendido ante la desigualdad entre de clases sociales, repudia la opulencia con que vive la clase alta y en su interior nace el germen liberal que alimentará su generación en la revolución de 1871.

> *Y veía todo aquello con una atención que nada tenía de frívola. Al contemplar aquellos dos cuadros, el de la miseria y el hambre y el de la riqueza y opulencia frente a frente el uno del otro, como dos ejércitos que se avistan, próximos a lanzarse al combate; Edmundo, decimos, al ver esto, sintió como que el diente de una víbora desgarraba su corazón, y él, que se hallaba entre los miserables, confundido con ellos, igual a ellos, lanzó a la rica mesa una mirada de odio profundo y a la plebe una sonrisa de supremo desdén. Después alzó la frente con orgullo, se ensancharon sus pulmones y respiro ruidosamente como el hombre que se cree superior a los demás.*

Los escritores románticos se manifestaron siempre en contra de la situación social de la época, en contra de la burguesía avara y despiadada, explotadora de los pobres. Remarcaban en sus obras las desigualdades y las frustraciones individuales, haciendo hablar a personajes marginales: piratas, bandoleros, mendigos, todos víctimas de una sociedad clasista y opresora.

En su infructuosa búsqueda de trabajo, Edmundo conoce a Chiquilín, un joven ladronzuelo, quien le pide ayuda para leer una carta que cuenta los planes para asaltar a una joven patricia. Ambos gestan el plan para frustrar el atraco y salvan así la virtud de Amelia, la mujer de la cual Edmundo se enamora desde el primer momento.

Anduvo vagando por los sitios más despoblados y solitarios y viéndose solo, sin que nadie pudiera observarle en un momento de delirio y amor hasta entonces nunca por él sentido, llevó a sus labios la preciosa reliquia que Amelia le obsequiara: pero enseguida sintió cierta especie de remordimiento; parecióle que había cometido una falta, creyó que en su miserable situación no le era permitido amar a tan noble criatura como Amelia sin ofenderla y se reprochó a si mismo por aquel desahogo de su corazón tan espontáneo como puro.

El romanticismo, como filosofía, exaltaba al amor como aquello que le da sentido a la vida; la imaginación sobre el reloj, el hombre sobre la máquina fría, la naturaleza sobre la urbe, eran símbolos frecuentes en la literatura romántica. El paisaje de las ruinas de la ciudad de Antigua Guatemala, reflejaban el estado de ánimo de Edmundo. Constituían la decadencia de la sociedad, como las praderas y los ríos cristalinos del final de la novela son el triunfo de la vida sobre las adversidades del destino.

El cura Angélico, un antimorazanista inescrupuloso, ambicioso y avaro, es el deudor de Edmundo. Al enterarse que debe pagar 5,000 pesos, el padre comienza a buscar la forma de no cumplir con su compromiso económico. Está dispuesto a arruinar al joven con tal de no corresponder la deuda.

En América Latina, contrario a Europa, el pensamiento positivista no fue la ideología de una burguesía liberal interesada en el progreso sino la de una oligarquía de grandes terratenientes, ligados a la iglesia católica y a las estructuras heredadas de la colonia española. El romanticismo latinoamericano, en ese sentido, reaccionaba al control positivista de la cultura (estricta, rígida y oscurantista) rebelándose en contra de las guerras intestinas y fratricidas, el desorden político y moral, buscando un mundo mejor, más justo y democrático para todos.

Al volver a casa, Edmundo descubre que su madre ha sido expulsada por falta de pago del cuarto que alquilan e internada en un hospicio para menesterosos, al cual él no puede acceder por orden médica. Desesperado por la situación, ingresa a la iglesia buscando inspiración divina y atraído por el lujoso collar de la virgen, comienza así una discusión filosófica sobre el lujo de la iglesia y las miserias de la pobreza.

> *Y se dijo: «¡Cuán rica es nuestra Señora! Si yo poseyese siquiera ese collar de perlas, qué no haría en beneficio de mi pobre madre que muere de hambre y de todo género de miserias! ¡Es tan fácil tomar ese collar! Me basta subir sobre el altar para hacerlo. Nadie me ve... ¿Quién podrá saber que el hijo de Margarita fue el ladrón?»*

Edmundo roba el collar, hecho que inmediatamente causa consternación en la ciudad, al punto de que el presidente Carrera envía la orden de ejecutar, a partir de ese momento, a cualquier delincuente encontrado infraganti.

Cuando Edmundo logra visitar a su madre, se encuentra con Amelia, quien permanece en penitencia buscando un milagro que devuelva el collar robado a la virgen y cuida a Margarita, sin saber que es la madre del joven que días antes le salvó la virtud. El amor entre Edmundo y Amelia es evidente desde el primer momento y como antes pasara con Margarita, nuevamente el amor redime al abyecto.

> *Habíase operado en el corazón de Edmundo una completa reacción en el sentido del honor y de la virtud, y tan súbito cambio era debido, principalmente, a la joven desconocida, cuyos ojos parecían decirle "vuelve, vuelve al sendero del bien, si quieres ser amado".*

Así, Edmundo reconoce que para ser merecedor del Amor de Amelia, debe arrepentirse del crimen que ha cometido y decide devolver el collar a la iglesia. Bajo secreto de confesión cuenta su delito al padre Angélico, pero este, inescrupuloso y despiadado, le tiende una trampa y lo entrega a las autoridades como autor del abominable hecho. Edmundo es así sentenciado a muerte por su propio padre natural, el juez Mendivar, quien confía en haber salvado su honor de noble caballero.

Presentes desde las luchas independentistas a principios del siglo XIX, los escritores románticos, ligados igual a la cultura como a la política, anhelaban el nacimiento de una literatura nacional que les representase geográfica, física, histórica y espiritualmente; rompiendo de manera definitiva con los hilos que los unía a la colonia española. Así, los símbolos del romanticismo europeo (la existencia vacía y silenciosa; la eterna lejanía de la dicha; el destino infranqueable; la superstición; la lucha entre la vida y la muerte; la eternidad, como una sombra pavorosa que lo envuelve todo) que en Europa es una rebelión contra la moral burguesa, toma, en lo americano, la forma de un reclamo por la construcción de una sociedad justa e igualitaria, una nación que se rebela en contra de la anarquía y la tiranía que se alternan en la vida política de los países del subcontinente.

La novela *Edmundo* constituye entonces un reclamo contra la desigualdad social de la época. En varias ocasiones el autor, a veces usando la voz del francmasón español dos Justo Velarde, otras usando su propia voz de narrador, critica las circunstancias que degradan al hombre y lo vuelven un criminal, y por el contrario, indica como con la formación apropiada y las oportunidades necesarias, los jóvenes que viven en la delincuencia pueden aportar para el desarrollo de la sociedad.

Beteta hace en su novela una crítica constante al sistema judicial guatemalteco, advirtiendo contra las injusticias en torno a la pena de muerte, resaltando con orgullo las reformas impuestas por la reforma liberal de la que su generación (y él mismo) formó parte.

Los hechos se presentaban claros a los ojos de don Justo y sus causas estaban atenuando la responsabilidad del joven. Este había sido impulsado por el amor más puro y santo, no era víctima de una pasión violenta e innoble como los celos, la ira, el odio, ni de las seducciones de la belleza. Con el deseo de salvar a su madre de la muerte empleó primero medios lícitos y honrados, buscando un empleo. ¿Por qué misteriosos designios de la Providencia o de la fatalidad, se dirigió a un judío avaro, sin caridad ni compasión? ¿Por qué no encaminó sus pasos hacia Velarde, cuyo bolsillo y cuya casa habría encontrado abiertos y a su disposición? Don Justo reflexionaba que en el estado de abatimiento y desolación del joven, el espectáculo de aquel banquete en donde se hacia ostentación de lujo, debió haber producido en su ser una especie de evolución peligrosa, un odio grandísimo hacia las clases elevadas que derrochan lo que haría la felicidad de muchas familias: y ese mismo esplendor imprudente, y hasta injurioso para el pueblo miserable, se ostentaba en los templos, cuando ese pueblo que los enriquecía con el sudor de su frente, lloraba en la pobreza, en la ignorancia y en el mas culpable abandono. ¿Por qué el clero, la sociedad, el gobierno se ocupaban continuamente en acaparar riquezas para los conventos, para los curas, en vez de fundar asilos para los desvalidos, casas de caridad para los enfermos y desheredados de la fortuna, escuelas para los niños pobres, establecimientos correccionales para los menores de edad; penitenciarías para los criminales, etc., etc? Se dirá que el buen español carecía de justicia, porque había cárceles, hospital y algunas escuelas. ¿Pero, que eran esas cárceles? ¡Centros de perdición! ¿Qué era ese hospital? Umbrales de la muerte, según la gráfica expresión del pueblo. ¿Y esas escuelas? Establecimientos desprovistos de todo elemento adecuado para el desarrollo de las facultades físicas, intelectuales y morales del niño; escuelas con maestros sin dotes ni conocimientos pedagógicos, en donde se enseñaba a palos, para borrar de los corazones infantiles todo sentimiento de dignidad y de energía;

¡escuelas en donde se reclutaba a los que más tarde debían formar el ejército de los curas y de los santos! Después Velarde, concretando sus reflexiones, se decía: "¿Hay arrepentimiento más sincero, acción más heroica que la llevada a cabo por este joven, que, impulsado por los consejos de su sano juicio, vuelve sobre sus pasos, se humilla ante el sacerdote, le confiesa su delito, le entrega el objeto robado; y cuando el representante de Cristo le deja sólo y en posibilidad de huir, no lo hace, porque lo parece que esa fuga constituye una vileza, una infamia. ¿Y como fue recompensada aquella conducta de Edmundo? El pastor de almas, el varón santo, le entrego a la justicia, faltando miserablemente a sus deberes religiosos y a sus compromisos de caballero; le calumnió además, para hacerlo doblemente culpable, para cohonestar así la excitación que en el pueblo fanático había despertado, ¿quién sabe si con algún interés desconocido? Velarde, presentía la proximidad de una revolución que modificase el estado infeliz del pueblo...

Como movimiento literario, el romanticismo latinoamericano no floreció en el continente sino hasta que el modernismo se consolidó hacia 1880. Si bien contó desde un principio con importantes representantes en las artes (especialmente en la poesía) que buscaron retratar lo infinito y lo sublime, lo maravilloso y lo fantástico de lo americano.

La novela *Edmundo* de José A. Beteta, constituye un reclamo a las condiciones que generaron (y que siguen generando) las injusticias propias de la desigualdad y la falta de hermandad en la sociedad guatemalteca. Nos habla de una época ya distante, del año 1864, cuando las fuerzas conservadoras de las oligarquías centroamericanas destruyeron lo último que quedaba del proyecto morazanista y apenas comenzaba a visorarse la esperanza de un Estado Moderno. Pero bien podría estar hablando de nuestro siglo, pues las condiciones (in)humanas que describe, permanecen incólumes en nuestra la sociedad. En ese sentido, Edmundo nos sirve de enlace hasta nuestros días, para comprender la visión de una generación que construyó estos países nuestros, a través de un proyecto Liberal y Romántico.

Óscar Estrada
Septiembre 2015

EDMUNDO

A LOLA MONTENEGRO
Su sincero amigo

José A. Beteta

CAPITULO I

Era una noche obscura y lluviosa del mes de septiembre de 186...

Las calles estrechas de la antigua capital de Guatemala se hallaban completamente desiertas. El huracán zumbaba con espantoso mugido y el rayo que hacía retumbar las montañas anunciaba la próxima tormenta. Negro manto envolvía entre sus pliegues la cordillera de los Andes, y la poética ciudad yacía como muerta bajo obscuro crespón.

Las altas paredes de las casas y los templos ruinosos, destacaban en el espacio sus gigantescas sombras de un modo fantástico, a la fugaz claridad de los relámpagos.

La corneja, esa agorera de la muerte, vigilante perpetua de los sepulcros, de los deshechos y ruinas de las ciudades, lanzaba su tétrico graznido capaz de amedrentar al corazón más enérgico y al alma más bien templada.

El impetuoso huracán doblaba las copas de los árboles hasta hacerlas lamer el lodoso pavimento, y a menudo el rodar de alguna piedra, allá en el lejano monte, hacía estremecer la tierra.

Todo era triste, aterrador y lúgubre.

En el momento en que el reloj de Palacio daba las ocho, destacóse la silueta de un hombre por medio de la calle de Santa Catarina: avanzó hasta la Plaza Mayor, pasó frente a la catedral y anduvo hasta llegar a la calle de los Pasos, por la que siguió rápidamente en dirección al Calvario.

En una de las esquinas, vértice del ángulo que forma el solar en el que se halla el templo de Santa

Clara, e incrustado en la pared, existe un nicho dentro del que se veía guarnecida por una reja, a la luz de un farol, la imagen de Nuestra Señora del Refugio.

No sería exageración afirmar que aquella luz vacilante y pálida, era la única que existía en todo el barrio.

El desconocido se arrodilló delante de la imagen de la virgen. Era él como de veinte años, de formas varoniles y robustas, de rostro bello, cubierto en aquellos instantes por una palidez interesante y por una expresión de acerbo dolor.

Sus ojos negros y brillantes estaban humedecidos por el llanto y en sus labios vagaba una sonrisa impregnada de amargura.

Su traje dejaba comprender que pertenecía á esa clase de la sociedad que en aquellos aristocráticos tiempos llamábase *decente*.

El joven murmuró una oración, una de esas plegarias que la creencia en Dios hace brotar del alma acongojada y elevarse hasta El, así como el rocío de la mañana que al desprenderse de los cálices de las flores, se pierde en el azul del cielo.

Levantose y continuó su marcha hasta llegar frente a la puerta de una casa, donde parece que alguno le esperaba, porque estaba abierta y se cerró después de que hubo penetrado en el interior.

En efecto, una mujer de avanzada edad salió a su encuentro alumbrándose con una vela.

—¿Cómo sigue mi madre, Anselma? —Preguntó el joven.

—Lo mismo —respondió la interpelada—. No hay la más pequeña mejoría en ella.

Y luego variando de tono, con voz trémula, preguntó:

—¿Qué hubo de tu misión, Edmundo?
—Nada, nada —respondió—, una vez más la desgracia se ceba en nosotros.

Entretanto habían llegado a la puerta de una habitación en donde penetraron. En aquellos momentos oyéronse dos voces distintas, pero ambas colmadas de ternura:

—¡Mi madre!
—¡Mi hijo!

Sobre un lecho de dudosa limpieza yacía una mujer, la que al ver a Edmundo quiso incorporarse, pero no tuvo fuerzas para hacerlo y apenas le fué posible extender hacia él sus brazos blancos y enjutos, casi como los de un cadáver.

Reinaba en la alcoba la mayor miseria: todo el ajuar lo componían dos catres desvencijados, tres sillas mal paradas, un gran cofre de construcción antigua y una mesa sobre la cual se veían algunos frascos y trastos de loza. Un candil de aceite proveía la habitación de una luz triste y vacilante.

Las paredes estaban desmanteladas, cubiertas de agujeros y de manchas producidas por la humedad; en los ángulos de aquel pobre hogar flotaban las telas de araña, semejando largas cortinas de gasa hechas girones; la lluvia, que se había desencadenado ya, penetraba en abundancia a través del techo resquebrajado y formaba en el mohoso piso de antiquísimos ladrillos, posos de agua fétida y sucia. Las vigas dobladas bajo la techumbre, parecían próximas a dejar hundirse su pesada carga. ¡Horrible cuadro en verdad, presentaba aquel hogar desmantelado!

La enferma abrió sus grandes ojos iluminados por ese fulgor intenso de los tísicos y contempló a su hijo con una sonrisa de suprema satisfacción.

—¡Creí —le dijo—, que te habría sucedido algo, ¡gracias a Dios que eran vanos mis temores!

Y luego, dando otro giro a su pensamiento y otro tono a su voz, preguntó:

—¿Lograste hablar con él?

—Sí, madre mía —respondió Edmundo.

—Supongo —continuó la enferma—, que se habrá mostrado afable contigo.

—Sí, muy afable...

—¿Solamente eso?

—No, pues me ha ofrecido una visita para mañana, la que probablemente hará cambiar nuestra aflictiva situación.

—¿No te indicó la hora?

—Sí, las doce.

—¿Y que impresión te causó ese caballero, hijo mío?

—La más desagradable, la que produce aquel que nunca puede ser amado.

En el rostro de la enferma pintóse un profundo estupor y como si las palabras se resistiesen a salir de sus labios, apenas pudo murmurar: "¡qué extraño me parece lo que me dices!"

El joven quiso variar el tema de conversación y besando la mano de la enferma le dijo:

—Necesitas de reposo, duerme, que mañana tendremos sobrado tiempo para conversar.

—Espera, hijo mío —replicó la enferma—. Tenemos aún mucho que hablar de interés para nosotros y te aseguro que pocas veces me he sentido con tantas fuerzas como ahora.

El joven tomó asiento al lado de su madre y esta continuó:

—Recordarás que te dije antes de salir de Guatemala, que había dejado en poder de mi abogado el testamento del padre Félix, y que aquel nos lo remitiría después de llenar ciertos requisitos judiciales, indispensables para poder cobrar a Fray Angélico las cinco mil onzas que te legara tu bondadoso protector; también recordaras que cuando me instastes para que permaneciésemos en la capital, te respondí que allá no encontraríamos fácilmente, como en la Antigua, quien nos proporcionara los recursos necesarios para subsistir mientras tanto que se realiza el pago. Pues bien, ayer mientras andabas fuera de la casa, recibí una carta de mi abogado que no quise enseñarte para no afligirte más; pero ahora se hace indispensable que la veas, para que así conozcas los motivos que me obligaron a exponerte a una humillación ante ese desconocido, cuya protección ya cuento casi por segura. Toma y lee... —agregó la enferma sacando un papel de bajo la almohada.

Edmundo acercó el candil y leyó la carta que decía:

Señora Doña Margarita Santistevan.
Antigua Guatemala.

Muy señora mía:
He leído detenidamente los documentos que usted tuvo a bien confiarme y todos ellos están perfectamente ajustados a las leyes; pero el testamento otorgado por el Presbítero Don Félix Treviño (Q.E.P.D.) en el cual instituye un legado de 5,000 onzas en favor del hijo de usted, carece de algunos requisitos de forma que no es posible llenar en esta República, como son la autenticidad de la firma del Notario por medio del jefe de Sección del Interior, el pase de la Corte Suprema de Justicia de San Salvador, etc., etc., sin los cuales el

repetido documento no tiene fuerza legal y el deudor, con justicia muy sobrada, se negaría a pagar. Como comprendo la aflictiva situación de usted y como por otra parte debo velar por los intereses que usted se sirvió confiarme, he remitido por el correo de hoy el testamento a la capital del vecino Estado, para que se subsanen lo más pronto posible aquellas omisiones. Haga usted pues, paciencia unos veinte días o un mes, que será lo que tengamos que esperar. Me lisonjeo al pensar que usted aprobará mi conducta, y los pequeños gastos que he anticipado. Dios guarde a usted, muchos años, y reiterándole mi estimación y aprecio, me subscribo de usted, atento S.S. que S.M.B. −JUAN BARRIGÓN.

P. D. − En caso de que usted haya mejorado de fortuna a la fecha, le suplico me mande por el próximo correo cincuenta pesos por vía de expensas, pues como le dije cuando tratamos el negocio, tengo formal promesa hecha conmigo mismo de no anticipar ningún gasto por cuenta de mis clientes y por ningún motivo me atrevería a faltar a mi palabra. −VALE.

—Ya ves —dijo Margarita—, la razón por la que envié a Don Diego la carta suplicatoria que le llevaste. Debemos esperar un mes, y entretanto yo estoy enferma y no poseemos si no unos pocos reales para subsistir algunos días. ¿Comprenderás toda la importancia de la entrevista que he solicitado de don Diego Mendíbar?

—Sí madre, ya lo comprendo todo... pero querrías decirme ¿Qué interés tiene don Diego en protegernos?

—¡Ah! Tiene sagrados compromisos que cumplir para contigo. Nada puedo explicarte por ahora, te lo diré más adelante. Por de pronto debemos procurar agradarle y captarnos su simpatía, o cuando menos su compasión. Figúrate que de lo contrario no tendríamos otra persona a quien acudir en nuestra necesidad. ¿Qué sería de nosotros en una tierra extraña, sin amigos, sin conocidos, sin pan y sin hogar? Recuerdo que dentro de tres días se cumple el término que nos han concedido para pagar el alquiler de esta casa, el que se nos exigió adelantado. Si llegará el plazo fatal y no pudiéramos cumplir nuestro compromiso, ya lo sabes... nos arrojarían a la calle...

—¡Ah y tendrían corazón para tratar así a personas honradas?

—Esa es al menos la amenaza con que se me comunicó la última prevención del Alcalde.

—¡Pero sería una crueldad inaudita!

—¡Hijo mío esperemos que no sucederá; por ahora yo tengo fe en Dios. Vete a descansar que yo también necesito de reposo.

CAPITULO II

El joven pasó a la habitación inmediata, en donde le esperaba la vieja Anselma, quien al verlo le dijo:
—Ven a contarme tu entrevista con don Diego.
—Oye, —respondió Edmundo—. Después de esperar en el zaguán de la casa de ese hombre cerca de media hora, me introdujeron a su presencia. Se hallaba en su escritorio, vestido con una rica bata de seda. Al verme alzó la cabeza y clavó en mí sus ojos de fuego. Sentí cierto estremecimiento involuntario, mezcla de miedo y de inquietud.
—¿Qué deseas? Me preguntó.
Por única respuesta entregué la carta de mi madre. Leyola muy despacio y enseguida volvió a fijar en mí sus ojos y pronunció las siguientes terribles palabras: "No conozco a la persona que me escribe, de suerte que no puedo asistir a la cita que me propone; y adviértele que como soy hombre ocupado tampoco la recibiré en mi casa." No había vuelto de mi asombro cuando aquel orgulloso noble, levantándose de su asiento, me enseñaba la salida. Parecía que una súbita cólera había despertado contra mí su odio. Salí Anselma, y al encontrarme en la calle no fue menos terrible la mía, ni menos profundo el aborrecimiento que por él sentí. ¡Ah, Miserable! Si, le aborrezco ya como el mayor enemigo.
—Calla, Edmundo, por Dios, desecha esas ideas pues quién sabe si te arrepentirás más tarde.
—Arrepentirme ¿y de qué? ¿Qué tiene ese hombre de común con nosotros?
—Nada puedo decirte; pero no creo que debas

aborrecerlo.

—En verdad que ya me cansa ese lenguaje misterioso con que me hablan de él mi madre y tú. No parece si no que se tratara del autor de mis días...

—Calma tu impaciencia Edmundo, y si doña Margarita tiene reservas para ti, tu deber es callar y respetarla... Entre tanto pensemos en otra cosa ¿Qué haremos para subsistir?

—¡Ay, es verdad! y lo que me causa más lástima es haber hecho concebir esperanzas a mi pobre madre, engañándola al decirle que ese hombre vendría mañana. Pero lo he hecho para evitarle un golpe rudo que habría sido muy funesto a su salud. ¿Qué haremos dices? Desde mañana mismo buscaré una colocación aun cuando sea mozo de cordel... que si a mí me hace falta un padre, yo te juro Anselma, que a ella no le faltará un buen hijo.

La tormenta había estallado, temblaba la tierra como agitada por convulsiones monstruosas, rugía el huracán, el rayo hería las torres de los antiguos templos, rasgábanse las ramas de los árboles y los animales monteses buscaban refugio en sus madrigueras subterráneas; espectáculo grandioso y sublime de la naturaleza, que estaba muy lejos de ser temido ni admirado en esos momentos por aquellos para quiénes era bastante abrumador el espectáculo de su miseria.

CAPITULO III

Al día siguiente de la escena que hemos descrito, Margarita, un poco restablecida, incorporada en su lecho, conversaba con Anselma.

Edmundo había salido diciendo a su madre que iba a conocer la ciudad.

La enferma tuvo el capricho de hacerse vestir y fue necesario agradarla.

Anselma, siguiendo las instrucciones de la señora, se compuso lo mejor que pudo con distinto vestido, y el cuarto se arregló con limpieza cuanto fue dable.

Margarita esperaba la visita de aquel gran señor con quien Edmundo hablara la pasada noche y no quería que la encontrara desgreñada y sucia.

¡Cuánto hubiera dado en esos momentos por recobrar su juventud y su belleza!...

¿Era este un sentimiento de vanidad y de amor propio? No, Margarita conocía el mundo demasiado para ignorar que muchas veces de la primera impresión que nos causa una persona, nacen para ella la simpatía y el afecto.

La compasión, la amistad y el cariño, *entran casi siempre por los ojos*, como vulgarmente se dice.

Puede amarse con delirio a una mujer hermosa, sin pensar en que tal vez oculte un corazón perverso.

¡Pero es tan difícil enamorarse de una fea! Aunque en su pecho aliente sentimientos de oro.

Amáis a una coja, a una tuerta, a una jorobada, pero después de haberla tratado y comprendido, o mejor dicho, apreciado el tesoro de sus virtudes; entretanto que una ramera hermosa os seduce a la primera mirada.

¡Tal es la fragilidad humana, que se deja el hombre arrastrar por las apariencias!

Y Margarita sabía perfectamente ésto porque había sido hermosa, y en su vida pasada se registra una página que la avergüenza, pero la hace comprender cuantas son las ventajas de la seducción en circunstancias dadas.

Sí, ella supo seducir a tantos hombres, destrozar a tantos corazones, tantas flores y riquezas!

Porque, …digámoslo de una vez, Margarita había sido una mujer extraviada, una cortesana de moda, rica a costa de sus amantes y poderosa por ellos.

Y solamente tornó a ser honrada cuando comenzó a amar a su hijo, su Edmundo.

Y ahora que trataba de hacerle feliz tenía más necesidad que nunca de interesar al hombre de quien esperaba en parte esa felicidad para su hijo. La mujer por instinto quiere, y espera agradar, con mayor razón cuando se propone obtener algún fin noble.

—¿Muy flaca estoy, no es verdad, Anselma? —Dijo Margarita.

—¡Oh! no tanto, señora…

—A ver …¿no hay por allí un espejo?

La vieja criada tomó un fragmento de espejo y se lo dió a la señora.

Apenas se vió lanzó un suspiro y dijo:

¡He aquí en lo que paran la juventud y la hermosura!... ese hombre que en otro tiempo se arrastraba a mis pies, mendingando mis caricias, me verá ahora con desprecio y hasta con horror. En vano trataré de agradarle, en vano traeré a su memoria los recuerdos del pasado; él no me reconocerá y en vano también trataré de despertar en su corazón los sentimientos paternales, porque tampoco reconocerá a su hijo. ¡Ay! este es mi castigo. Y no tengo derecho para quejarme... ¿Cómo habré de culpar a nadie de mis propios extravíos? ¿con que razón le diría que es un mal padre, si yo misma no puedo probarle que lo es de mi hijo, aun cuando de ello tenga la seguridad?

Los ojos de Margarita se anegaron en llanto y luego continuó:

Oye lo que es la vida. Cuando penetramos en la esfera del vicio, seducidas por los halagos del lujo y arrastradas por la magia de la riqueza y del placer, aturdidas por el ruido de los goces impuros, en medio del estrépito que forma en torno nuestro la pléyade de aduladores que se disputan nuestra belleza, no sabemos que puede llegar un día en que el amor de madre nos inspire el *capricho* de ser honradas, y que entonces seremos infelices, muy infelices. Porque dados los primeros pasos en la senda de el vicio, no puede retrocederse, si no en fuerza de enormes sacrificios. ¿Y cómo borrar de nuestra mente el recuerdo horrible de un pasado licencioso? ¿Y cómo hacerlo olvidar a los demás? ¿De qué te servirá desprenderte de tus riquezas, cambiar tus costumbres depravadas y viles por hábitos de gente honrada, si llevarás siempre escrito el estigma con que la corrupción te marcó la frente? Anda, anda... ve un día a tu hijo, siente que lo adoras, arrepiéntete de tus desvíos, jura ser buena para él, vende tus carruajes y alhajas, tus vestidos magníficos de seda, tus muebles, objetos preciosos y curiosidades. Redúcete trabajando del día a la noche como una costurera, o como una cigarrera para no tocar el capital que has destinado a la educación de tu hijo; ocúltate a los ojos de tus amantes y de todos aquellos que te conocieron en el esplendor; huye de tu patria para que en tierra extraña no pueda nadie señalarte con el dedo y decirte delante del hijo de tu alma: "fuiste una vil ramera"; trata de buscar en la religión la fuerza moral que necesitas para llevar adelante esa vida de regeneración tan costosa; oculta a tu hijo lo que has sido y trata de inspirarle sentimientos nobles y generosos; llega por último a creer que estas rehabilitada y cuando sueñes en un porvenir tranquilo y sereno, cuando agotados tus recursos en la educación de tu hijo, sólo piensas en asegurar a éste la comodidad y la dicha que ya tú no puedes ambicionar; cuando vieja, enferma y miserable, sin pan, sin hogar, emprendes el camino a pie, andas cien leguas para llegar a donde está esa dicha que buscas para tu hijo, viene éste y te pregunta quién es su padre, y tú no puedes contestarle si no con esta horrible frase: "no lo sé." ¡Ah!...... porque ¡qué mujer que a un tiempo ha tenido muchos amantes puede decir aunque lo sepa, quién es el padre de su hijo? ¿Quién la creerá? ¿Cómo evita la desconfianza? ¡Gran Dios! Y cuando este hijo, abrumado por semejante revelación, quiera saber quién es aquella madre que sin embargo de haberla enseñado a amarla, no puede decirle el nombre del autor de su existencia, ella se verá forzada a guardar un silencio penoso; pero no faltará un conocido que le descubra el velo misterioso y le diga: "Tu madre era una muchacha pobre, hija de honradas gentes. Seducida por un noble huyó de la casa paterna, dejando a su familia hundida en el dolor y la vergüenza. A poco tiempo, cansado de ella, su primer amante la abandonó; ella tomó a otro aún más rico; y así fue caminando en el sendero resbaladizo de la prostitución. Conociendo que era hermosa, que tenía gracia, talento y buenas maneras, quiso poseer muchas riquezas, quiso tener poder para dominar a los hombres y ser envidiada de las mujeres y pronto lo logró. ¡Fué un milagro de la vanidad! Ella vió que los hombres se arrastraban como miserables esclavos a sus pies: que las mujeres la tenían como la reina del buen gusto y de la moda; y lo que gastaba en una noche, lo que arrojaba por la ventana desconsideradamente, era el pan que tal vez hacía falta a una familia honrada. Tu madre, le diría, gastando en un capricho el alimento, la educación de cien criaturas, se ha atraído las maldiciones del cielo. Ella ha introducido el desorden y la amargura en el seno de los hogares tranquilos de sus amantes, ella ha derrochado el fruto del trabajo honesto, ha dejado a la esposa sin marido, a los hijos sin padre, a la sociedad sin ciudadanos. Ella ha calumniado a la mujer para asegurar su dominación sobre el hombre; ha hundido en la desesperación y en la miseria a los mismos a quienes antes había seducido, después de gastarles su dinero. Ella se ha mofado de la castidad, se ha burlado de la templanza y se ha reído de la pobreza. Ella ha pisoteado con su planta todo cuanto existe de bello, noble, generoso y puro; y ahora la sociedad en cambio la rechaza de su seno y la maldice, y ahora busca en vano un padre para su hijo y no lo encuentra, y anda aislada, errante, sin hogar y sin pan... Y el hijo de mis entrañas vendría a mí y me diría: "Madre, madre, ¿por qué no me has ahogado en tu vientre en vez de darme una existencia oprobiosa y un nombre miserable?... ¿Qué le respondería entonces?...

CAPITULO IV

El viajero que llega por primera vez a la antigua ciudad de Guatemala, no puede menos de contemplar con interés y pesadumbre las majestuosas ruinas que por todas partes se encuentran; y si vuelve una mirada a los pasados tiempos recuerda que allí, sobre la verde alfombra, circundada de elevados cerros, se veía una hermosa ciudad, con sus templos grandiosos de imponentes torres, sus elegantes palacios de granito, sus casas y demás edificios de soberbia arquitectura, sus plazuelas rodeadas de copudos árboles, con sus fuentes de mármol y de piedra, sus bellísimos y bien cultivados jardines, sus extensas y sombrías alamedas; y en todos esos lugares hoy tristes y desiertos, un pueblo laborioso y honrado, elevando hasta las nubes el bullicio de los talleres, el cántico del trabajo y de la industria.

Bajo las grandiosas cúpulas de aquellos templos se aglomeraba una sociedad esencialmente supersticiosa y fanática que acudía a cumplir con los deberes de su religión; en aquellos mercados iban a cambiarse sus productos los habitantes de los diversos pueblos que rodeaban la capital; en aquellas calles de resplandeciente empedrado, rodaban los vehículos conductores de las riquezas industriales; y en aquellos jardines y alamedas se paseaban las mujeres más bellas de América Central.

Veintisiete pueblecillos de casitas blancas como bandadas de palomas se extendían sobre las faldas de las colinas.

En las praderas de verdor eterno, pacían en numerosos grupos los ganados, y al recostarse en su lecho de esmeraldas el sol resplandeciente, se oía el cántico de los pastores mezclado con el murmullo de cincuenta mil almas que se entregaban a la oración, en los momentos en que el ruido de cien campanas subía hasta los cielos.

Y allí también se podía ver desfilar extensos cordones de míseros indios, encorvados por le peso del trabajo rudo y que después de la faena de todo un día, se aglomeraban en torno de las hogueras encendidas para condimentar sus frugales alimentos; y se escuchaban los cantos tradicionales de las madres y esposas de aquellos infelices, que parecían llorar la pérdida de la adorada tierra de sus abuelos y suspirar por la robada libertad; entretanto se paseaban injuriando con su insolente desprecio a la raza desheredada de América.

Y el viajero que busca todo esto, no encuentra más que ruinas; arcos grandiosos sobre informes escombros, amenazando la vida de los transeúntes; columnas desprendidas de sus capiteles, torreones hundidos; paredes desplomadas cubiertas de musgo, cuyas profundas grietas son madrigueras de reptiles; y en medio de los escombros hacinados por todas partes, rodando el escudo de Castilla; y confundidos con el polvo de las sombrías bóvedas de los templos, los huesos pulverizados de aquella orgullosa falange de conquistadores que levantó en el suelo centroamericano obras tan grandes como su soberbia y tan efímeras como su gloria.

Y, al preguntarse el viajero qué mano implacable y destructora sepultó tantas obras grandiosas y tantas miserias juntas, vuelve instintivamente los ojos hacia el coloso volcán cuyo cráter se interna entre las nubes, tendiendo sobre la cordillera de los Andes su ceniciento manto; ve con horrido respeto su penacho de humo entre el cual suelen brillar algunas espirales de vacilantes llamas; y se admira de que los pocos habitantes que pueblan hoy esas regiones solitarias, se duerman tranquilos, sin temor de que una de tantas noches les despierten los sacudimientos de aquella viviente mole.

Tales son las impresiones que se experimentan al llegar por primera vez a la ciudad que fue la cuna de nuestros mayores.

Profundo silencio reina en todos sus ámbitos y la envuelve por todas partes una atmósfera impregnada de cierta melancolía que sobrecoge el espíritu, convida a la meditación y atrae la tristeza.

Edmundo, que como hemos dicho había salido temprano de su casa, se distrajo en la contemplación de la ciudad, cuyo aspecto hemos tratado de describir, y su espíritu se entristeció aun más de lo que estaba. Pero recordando el objeto principal con que había salido, y queriendo poner en práctica su proyecto, se puso en marcha, como impelido por una fuerza. Sin tener mucha fe en sí mismo, no creía imposible que pudiera encontrar una colocación para ganar el sustento de su madre.

Y cuan grande y cuan satisfactorio y noble, parecería al joven cualquier trabajo que pudiese proporcionarle una módica renta.

Llevar a cabo ese pensamiento era su anhelo.

Pensaba ya en lo dichoso que sería cuando llevase a su hogar desconsolado, como un rayo de luz que penetra en las tinieblas, la noticia que ya no se morirían de hambre.

Pero ¡ay! no había pulsado las mil dificultades con que tendría que luchar.

Lo primero que le sucedió fué que no conociendo las calles, ni teniendo ningún guía tomó la misma que había recorrido la noche anterior.

Pasó por la plaza precisamente a la hora en que acuden los compradores.

Atravesó entre la gente hasta llegar a las tiendas del portal de la Municipalidad.

Sus ojos, ávidos buscaban; no sabía él mismo qué.

Veía aquellas tiendas colmadas de objetos útiles y sus miradas recorriendo las estanterías, le daban el aspecto de un necio o de un idiota.

Su imaginación ardiente soñaba. Ya se figuraba hombre rico, comprando un chal color de perla para su madre; un sombrero y un bastón para él y unas enaguas de indiana de grandes flores rosadas para Anselma. Así paso soñando, muy lentamente, delante de las tiendas de ropa. Cruzó a la derecha y tomó la calle de Santa Catarina. Lo primero que se presentó a sus ojos fue una botica. Allí recordó que su madre estaba enferma y que necesitaba de remedios, y él sin un centavo para comprarlos.

¡Oh! ¡Si fuera rico!... ¡Cómo haría bajar todos aquellos frascos de distintos tamaños y colores para que el doctor buscase el maravilloso remedio que devolviera la salud a Margarita! Y leía desde lejos, de pie y embobado frente a la puerta, los diversos anuncios escritos en grandes y dorados caracteres. Cuando leyó en una de tantas etiquetas: "Aceite de Hígado de Bacalao..." Dijo entre sí, ¡oh! esto debe ser magnífico; mi madre adquiriría las fuerzas perdidas... Es un remedio excelente, según he oído decir... Y se fijó luego en otra que llamaba por sus vivos colores toda su atención. Leyó: "Pectoral de Anacahuita... Cura todas las enfermedades del pecho..." Aquí no pudo contenerse y en voz alta dijo: ¡Ah... con que con esto se curan las enfermedades del pecho? Y mi madre es del pecho de lo que padece... Y en su delirio, especie de sonambulismo en el que se hallaba, avanzó un paso, dirigió una mirada intensa a varios frascos que se hallaban sobre el mostrador y alargó el brazo como aquel que se dispusiera a cortar una fruta de su huerta. Pero la voz del dependiente le hizo volver en sí, y estremecerse.

—¿Qué quieres tú, muchacho?

—¡Ah!... nada... Veía esta muestra que hablaba de ese maravilloso remedio que cura la tisis y todas las enfermedades del pecho...

—¿Te han mandado a comprar un frasco? Pues aquí lo tienes: éste; éste es puro: no está adulterado como el que se vende en las demás farmacias. Vale, seis reales.

—¡Seis reales! —Exclamó el joven—; eso es mucho...

—¡Mucho! Pues no creas que te lo darán mas barato en otra parte... Y si no, haz la prueba...

Más arrepentido sin duda el dependiente, y muy lejos de saber que Edmundo no poseía ni un centavo, dijo:

—Vaya: te lo daré en cinco...

Y como Edmundo, con un signo de cabeza dijese que no, el dependiente tomó entre sus manos el frasco, y enseñándole una firma y sello grabado en la etiqueta dijo:

—Mira: esta es la contraseña; es un pectoral legítimo, salido de la única fábrica que lo confecciona... vaya, llévalo por cuatro reales.

Edmundo, inclinando la cabeza, respondió:

—No tengo con qué.

El dependiente saltó sobre Edmundo y tomándolo de un brazo lo empujó hacia la puerta, diciéndole:

—Anda imbécil, ya verás cómo en la otra botica te arrancan los seis reales.

Y dejando partir al joven, volvió al mostrador, diciendo entre dientes:

—Malo, muy malo; mientras exista esa maldita farmacia tan cerca, no haremos nada... Todos nuestros clientes han sido atraídos a ella por la novedad...

Entretanto, Edmundo siguió su camino como un ebrio, sin darse casi cuenta de lo que acababa de pasar y con la sola idea fija, pertinaz, de que por seis reales que no tenía, su madre no se curaba con aquel pectoral que según el anuncio arrancaba a los enfermos de los brazos mismos de la muerte.

Pronto se halló frente de un almacén de vinos y abarrotes.

Los estantes se hallaban llenos de botellas de todos colores. Los rayos de sol atravesando los cristales, hacían semejar cascadas de piedras preciosas, torrentes de polvo de oro y plata. El cuadro le pareció magnífico a Edmundo. Su vista comenzó a recorrer todo aquello sin cansarse de mirar. De los estantes pasó al mostrador. Entonces sintió una especie de aflicción en el estómago y recordó que no había almorzado. Este recuerdo le fue inspirado por la presencia de un apetitoso jamón de York, colocado en un azafate cubierto por una mosquera. A los lados de aquel jamón incitante, se veían las frescas y verdes lechugas y rabanillos rosados. La vista de todo esto hizo paladear y sentir en la especie de sueño que lo dominaba, el sabor de aquellos ricos manjares.

La presencia de un viejo alemán de lengua y

respetable barba, le volvió a la realidad. Recordó con qué objeto había salido de su casa y se reprochó interiormente su distracción y su *bobada*.

Era muy natural cuanto le sucedía, porque Edmundo, que apenas contaba veinte años, no era un hombre, ni era un niño.

Participaba en parte de los pensamientos serios de los hombres y de las frivolidades de la niñez, y su imaginación frágil y soñadora, lo llevaba de los cuadros más trágicos a los más simples e inocentes. ¡Bendita edad en el que el dolor no puede privarnos del placer; en que la pena hace más dulces los pequeños goces de la vida!

El joven tomó bien pronto su resolución, con esa energía, ese valor inconsciente de los niños.

Adelantó un paso, y quitándose el sombrero, saludó al alemán que le respondió entre dientes.

Edmundo no se desconcertó por eso, y con sencillo y noble lenguaje, colmado a un tiempo de humildad, explicó su situación y pidió un empleo. —"Soy guatemalteco —decía—; pero hace diez años que me encuentro fuera de mi patria en El Salvador. Hemos venido mi madre y yo hace diez días, y ella ha caído enferma del pecho por consecuencia de la larga caminata. Ya comprenderá usted, señor, que una mujer de cuarenta años no es para caminar a pie más de cien leguas."

Luego explicó su miseria; y cuando le preguntaron que sabía hacer, contestó, no sin un rasgo de orgullo, que era Bachiller y qué podía aprender lo que quisieran enseñarle. El alemán le escuchaba con benevolencia, pero cuando Edmundo en conclusión le dijo que tenía necesidad de asegurar una módica mesada para que su madre no muriese de hambre, aquel hombre se impacientó diciéndole que en su casa no se fomentaba la vagancia; que no necesitaba introducir en ella *haraganes* que podían *acomodarse* en cualquier parte. Y agregó en un idioma desconocido para el joven: "Por Jehová, ¿qué se han pensado estos indios? Como si yo tuviera cara de mudo para creerlos. Y miren quienes buscan empleos, los que gravan las mercaderías con cientos por cientos de derechos y en estos tiempos de incertidumbre y de revolución en que nada se vende. ¡Oh! Qué país, que país de hotentotes".

El que así hablaba era un judío naturalizado en Alemania, que vino a Guatemala con cuatro reales en la bolsa, vendiendo rosarios, estampas y polvos para enamorar, y que en menos de diez años había hecho un capitalito; (¡una bicoca de cien mil duros!)

Edmundo siguió adelante lanzando hondos suspiros.

Al terminar la marcha se encontró delante de una gran casa que más bien parecía, por su aspecto, un palacio.

La gran puerta estaba abierta de par en par.

Un grupo de muchachos curiosos impedía el paso por la acera.

El joven, movido por la curiosidad, quiso ver lo que atraía a tanta gente y se mezcló con ellos.

Alzó los ojos y quedó deslumbrado. En un jardín donde los platanares, los naranjos, las palmas y mil plantas raras de América daban fresca sombra, se veía un precioso Kiosco circular, con sus bolas de plata y oro colgando de delgadas cadenillas.

Bajo el Kiosco se veía también una mesa circular, en la que brillaba una riquísima vajilla de plata y de los más finos y bruñidos cristales.

Sobre consolas de caoba y mármol se elevaban

estatuas de bronce y en las columnas que sostenían el Kiosco, dispersaban sus perfumes las flores más bellas y lozanas.

En torno de la mesa había como doscientas personas entre señoras y caballeros.

Los trajes de las damas eran de ricas y vistosas telas.

Los caballeros vestían de rigurosa etiqueta.

Reinaba allí la dicha, la alegría; el bullicio de los placeres, el estrépito del lujo.

El sol, lanzando sus rayos esplendidos sobre aquel centro de belleza, parecía cobijar bajo un manto de resplandores el festivo y deslumbrante cuadro allí representado.

Edmundo contemplaba aquella escena con el mismo asombro del que por primera vez asiste a la representación de una comedia de magia.

Veía aquel hacinamiento de tesoros creados por el arte, contemplaba las hermosas mujeres, los elegantes caballeros entregados a la alegría, oía a sus alegres risas y sus frases dichas en lenguaje para él casi desconocido, y entre los aires de la orquesta, percibía el choque de las copas, el ruido de los cubiertos de plata y hasta de la detonación que produce la botella de champagne al destaparse; y oía el rodar de las botellas arrojadas por los criados en la próxima cantina; y veía el vaivén incesante de los sirvientes vestidos lujosamente con fracs de paño ajustados al cuerpo, pantalones estrechos y corbata blanca como unos caballeros. Y ebrio como si se hubiese tragado todos los licores disipados en aquel festín, no se movía de su puesto, fijos los ojos en aquel cuadro deslumbrador, aspirando entre el perfume de las flores el olor de los manjares... ¡Él, que no había almorzado y que sentía hambre!...

Allí permaneció clavado, sin sentir el transcurso del tiempo, sin acordarse de su madre enferma, sin otra idea ni otro pensamiento que el de la muda contemplación de aquella fantasmagórica mesa.

El almuerzo concluyó a las dos; se levantaron los comensales y los caballeros dieron el brazo a las señoras y pasaron a los salones de la casa.

La escena varió completamente. La mesa colmada aún de viandas, apareció ante los ojos de los curiosos que estaban agrupados a la puerta.

Edmundo volvió los ojos hacia aquel grupo, y no vio sino miserables, vestidos con andrajos, como él, con un aspecto infeliz.

Componíase ese grupo como de veinte individuos de la clase baja del pueblo, entre los cuales se contaban algunos de la clase que aquí puede llamarse media; porque estos suelen alimentarse con la contemplación de las riquezas de los grandes.

Y todos aquellos hombres de rostros descompuestos, cabezas desgreñadas, se empinaban, se magullaban, se estrujaban, queriendo todos ocupar el mejor lugar.

Parecía una verdadera jauría en espera de la señal del amo, para lanzarse y devorar su presa...

Algunos criados para hacerse populares, tomaron varias frutas, pedazos de pastel y *budines*, y diciendo *chinche, chinche,* los arrojaban al zaguán.

Allí fué la de ver como aquellos miserables se precipitaron sobre los despojos que les daban los domésticos.

Y se oyeron alegres carcajadas, gritos de júbilo, mesclados con el llanto de los chicos que eran pisoteados por los grandes.

Edmundo contemplaba aquella escena sin moverse

de su puesto, sin osar ni quiera acercarse a algunos de los residuos de pastel...

Y veía todo aquello con una atención que nada tenía de frívola. Al contemplar aquellos dos cuadros, el de la miseria y el hambre y el de la riqueza y opulencia frente a frente el uno del otro, como dos ejércitos que se avistan, próximos a lanzarse al combate; Edmundo, decimos, al ver esto, sintió como que el diente de una víbora desgarraba su corazón, y él, que se hallaba entre los miserables, confundido con ellos, igual a ellos, lanzó a la rica mesa una mirada de odio profundo y a la plebe una sonrisa de supremo desdén. Después alzó la frente con orgullo, se ensancharon sus pulmones y respiró ruidosamente como el hombre que se cree superior a los demás.

¿Qué movimiento se había producido en aquel corazón de veinte años?

El orgullo, la dignidad de su raza estallaron en él de un modo repentino. De una sola ojeada abarcó esta sociedad donde existe tanto oro y tanto lodo.

Contempló todas las miserias juntas: las de los grandes y las de los chicos. Y su impresión fue contradictoria. Y aquel espectáculo le inspiró admiración y horror por los grandes; deseo de abatirlos y humillarlos. Compasión, lástima, desprecio por los otros.

CAPITULO V

En esos momentos sintió Edmundo que le daban una palmada en la espalda y oyó una voz entre femenina y hombruna que le dijo:

—¡Hola camarada! ¿de qué se trata?

Volviose el joven hacia su interlocutor y contempló el ser más raro que hasta entonces había visto. No era un muchacho ni un hombre, pues por su estatura representaba tener catorce años a lo sumo, y por su aspecto y fisionomía un hombre hecho y derecho.

Figuraos un cuerpo endeble, flaco, huesoso, de patas torcidas como las de un pato, espalda encorvada hacia adelante, sosteniendo entre los hombros una cabeza que llamaría la atención por lo grande y desproporcionada, con la cara más fea y original que pudiera imaginarse. Su frente era ancha y abultada, sus ojos pequeños y redondos, de una vivacidad extraordinaria, la nariz tan chata que parecía dibujada, los pómulos salientes y la boca larga, como cortada a tajo, dejando ver los dientes agudos y disparejos, de color amarillento sucio; su piel completamente lisa, sin un cabello y picada de las viruelas. Su traje no era menos original. Llevaba un sombrero de junco al que había dado la forma extravagante de un cono, vestía una levita tan grande que a primera vista se comprendía que pudiera haber servido a un gigante; con las mangas enseñando el forro amarillo de sándalo, con las faldas cortadas por la mitad, presentando unos flecos semejantes a los que llevan en su extremo superior los barriletes; los pantalones no eran menos desproporcionados para sus piernas endebles y flacuchas. Parecían de jerga de indefinible color, rotos por las rodillas y por la parte posterior, con unos bolsillos profundos, según podía deducirse del hecho de que entre ellos cabía todo el antebrazo de su dueño, quien, por lo visto, creía que para ocultar las manos era lo único para lo que se habían hecho, tal era su insistencia en mantenerlas entre ellos escondidas.

Edmundo lo contempló detenidamente, mientras él, con las manos como hemos dicho, sepultadas entre los bolsillos, el cuerpo inclinado hacia atrás, esforzándose en parecer marcial, con una sonrisa indefinible y un aire en lo general de payaso, le repitió:

—¡Camarada! ¿de qué se trata?

Edmundo sintió cierta repugnancia al oírse tratar con tanta familiaridad por un truhán como aquel y en tono serio respondió:

—¿Qué le importa a usted?

—¡Y me habla de usted! —Exclamó admirado el pilluelo... —¿sabes que es la primera vez en mi vida que me honran de ese modo?

—¿Querrá usted, dejarme en paz?—Exclamó Edmundo exasperado.

—¡Cómo que si querré? Vaya y qué mal genio parece tener el señorito... ¿Sabes que cualquiera que no fuera yo se enojaría? Pero vamos, te disculpo porque al fin y al cabo... se me figura que tienes hambre... y... eso no puede menos de darme lástima.

Edmundo sintió deseos de aplastar a aquel bicho impertinente y grosero; pero se contuvo haciendo un poderoso esfuerzo sobre sí mismo.

El diablillo continuó:

—Hablemos francamente; ¿quieres venir conmigo? Tengo algo importante que decirte y te aseguro que no te arrepentirás. ¿O crees que vale la pena estar de plantón aquí viendo dar vueltas a toda esa gentuza de *relumbrón*? ¡O porque me ves mal vestido piensas que soy menos que *esos*! Vamos, sígueme y a poco andar verás que soy capaz de matarte el hambre.

Edmundo comprendió que le sería imposible desprenderse del chicuelo inoportuno, y como, por otra parte, nada tenía que hacer en aquel sitio, se retiró, emprendiendo de nuevo su marcha sin rumbo fijo y sin objeto al parecer determinado.

El pilluelo se le adelantó y cuadrándose lo mejor que pudo, como un soldado bisoño, llevó el dorso de la mano izquierda al sombrero para hacer el saludo militar y silbó fuertemente la *Granadera*.

Edmundo se sonrió al fin, y el pilluelo dijo:

—¡En marcha, mi General. No por ahí... no... venga usted, por acá... ta tara rá ta tarará!... y el diablillo imitaba los toques de la corneta,

No hubo remedio; el joven se sintió vencido: entre dar unos cuantos golpes a aquel ser extravagante y seguirle de una vez y averiguar lo que él pretendía, le pareció preferible lo segundo.

—Vamos, pues —dijo el joven—; pero te advierto que no tengo mucho tiempo que perder.

—Ni yo tampoco... por acá, a la derecha, mi jefe, por ese callejón... ese...

Anduvieron como cien pasos y se encontraron en una calle solitaria, como lo son casi todas las de la ciudad, por céntricas que sean.

—Aquí podemos hablar sin temor de que nos oiga nadie. —Dijo el pilluelo deteniéndose frente a frente de Edmundo.

—¿Qué desea Ud? —Repitió éste.

—Antes de contestar a su pregunta, querría me respondiese ésta: ¿sabe usted, leer?

Edmundo creyó que era preferible a enojarse

seguir la broma y respondió:

—No, no se leer, *señor*! Y recalcó esa última palabra.

—¡Cómo! —exclamó el pilluelo—. ¿Todo un Bachiller de San Salvador, la tierra de los *guanacos*, dice que no sabe leer?-

Ahora le doy la razón al judío del almacén del "Gallo," por no haber querido ocuparte en nada y por haberte mandado con la música a otra parte y con todos tus títulos...

Edmundo sorprendido por estas palabras, y cediendo a una curiosidad muy natural, replicó:

—¿Cómo sabes que soy Bachiller?

—¡Me tuteas! ¡Ola! De ese modo veo que al fin podremos entendernos: así me gusta. ¡Adelante! ¿sabes leer?

Y eludió contestar al joven.

—Sí, ya lo creo...

—¡Dichoso tú! ...yo que nada sé, querría saberlo todo. Pero dejémonos de bromas, que según parece, no son de tu agrado. Vamos al caso: cuando te vi enfrente de aquel judío sin corazón, cuando te oí decirle que tenías una madre enferma... y, entre paréntesis, yo soy más dichoso que tú en este punto: mi madre es la mejor de las madres, jamás se enferma y si alguna vez se enoja como anoche, no alcanzan sus iras, que generalmente las descarga contra mis hermanos mayores y tiene sobre todas sus ventajas y cualidades, la de que no puede morir... ya ves que soy más dichoso que tú, puesto que mi madre es el *mundo*; jamás conocí otra, y si la conociese no la cambiaría por ningún dinero. Pero veo que te fastidias con mis paréntesis tan largos... vamos al grano, ¡al grano, camarada!...

"Decía que cuando te vi en aquella situación

tan humillante, sentí un no sé qué, mezclado de compasión y de rabia. Sobre todo, cuando explicaste tu pobreza, y cuando el judío millonario te lanzó con las trompetas destempladas, tuve tentaciones de arrojarme a su cuello, *tumbarlo* de una *zancadilla* y gritarte: ¡Camarada, al cajón!; en un instante lo hubieras vaciado; pero me contuve porque en estos momentos no debo comprometer mi salud ni mi libertad: los *asoleados* andaban muy cerca y nos hubieran llevado a la *jeruza*. Ya veo que fue bien pensado. Ahora bien, me dije: "este joven, aunque mayor que yo, es el que me conviene: sabe leer y escribir, y yo no..."

—Pero... —interrumpió Edmundo— ¿A dónde vamos a parar?

—A lo que sigue: como tu sabes mucho y yo no, puedes hacerme un gran servicio, en cambio de exigir de mi lo que gustes.

—¿Y qué servicio es ese?

—El de leerme esta carta; con lealtad, puesto que como *guáfiro* y nuevo en la ciudad, no perteneces a la falange de *tata Pongón*.[1]

Edmundo tomó el papel que le ofreció el pilluelo.

Era una carta, mantecosa, cuyo sobre con una letra infernal, gruesa y dispareja decía: "A M. N."

Rompió la cubierta y leyó:

Mi negra: Hoy es el día convenido... entre cinco y seis... el Chiquirín *estará en la alameda cerca de uno de los amates y con mucho disimulo te irá guiando hasta la casa. Procura no faltar... y que tu* compañera *traiga el mayor numero de alhajas... no tengas cuidado que no se le hará daño alguno. Estaremos yo, Curro, Chiquirín, Mimí y en cama la tía Tentación.*

---
1 Jefe de los gendarmes de aquella época.

*Sin falta, pues, y adiós mi querida. Hasta la tarde.
— Q.T.S. P.D.* — *Tienes mucha razón en desconfiar del Chiquirín, pues de veras es un chico peligroso, tiene rasgos de honradez que me asustan. Pero ahora lo tengo bien agarrado, porque le he ofrecido entregarle a Mimí de quien está apasionado como un loco, en premio de su trabajo, de manera que no hay riesgo de que se descuide... Y como ya no nos conviene tenerlo, porque un día u otro puede cantar, esta misma noche, después del golpe, le mandaremos al paso de los suspiros, a traer agua... y a Mimí se la daré al Currito que la merece más. — Vale.*

Cuando Edmundo alzó los ojos, vio al pilluelo tan pálido como la cera y temblando.
—¿Qué tienes? —Le dijo.
—¡Como casi nada!... figúrate que no se trata sólo de mi pellejo si no de arrebatarme para siempre a Mimí, a mí adorada, a mi futura... ¡Bandidos! —Exclamó furioso—, ¡no lo lograrán!
Edmundo demostraba en su fisonomía toda su ignorancia acerca de los motivos de preocupación del pilluelo, y éste, como lo conociese, le dijo:
—Tú no sabes de lo que se trata: pero si estuvieses en mi lugar... —y variando su pensamiento, agregó—: ¡Oye, tengo una idea! La de dar un buen chasco a esos bandidos.... Sígueme y te lo explicaré todo... figúrate que se trata de cometer un gran crimen y yo puedo evitarlo si me prestas tu ayuda... Acompáñame a mi casa, está cerca. . muy cerca. Allí hablaremos, y almorzaremos también, pues tengo provisiones... vivo solo, no tengas cuidado de molestar a nadie, la puerta esta siempre abierta y ninguno osaría penetrar por ella... Nos haremos buenos amigos... por de pronto te ofrezco prestarte algún dinero para que salgas de

tus apuros... sí, ¡te daré lo que quieras para llevar a tu casa... a tu madre enferma!... ¿vienes?

En la mente del joven surgió la idea de que tal vez aquel muchacho le decía la verdad y podría sacarlo siquiera fuera momentáneamente de su apurada situación. Por otra parte, la curiosidad, ese incentivo poderoso que ha sido la causa de tantos males, así como la de muchos descubrimientos útiles, le aguijoneaba.

La lucha fue corta, y Edmundo dijo con resolución:
—Vamos, adelante, ya te sigo.

El pilluelo se colocó dos o tres pasos delante de Edmundo, y torciendo su sombrero sobre el lado izquierdo, balanceándose su cuerpo a uno y otro lado a causa del defecto de sus piernas, echó a andar muy a prisa, al mismo tiempo que tarareaba una canción popular, cuya letra poco más o menos es así:

Entre cortinas blancas
Y azules rejas
Estaban dos amantes
Dándose quejas;
Y se decían,
Y se decían
Que sólo con la muerte
Se olvidarían........

CAPITULO VI

Nuestros personajes entraron en las ruinas de un templo del que aún están en pie algunos arcos y columnas majestuosas.

Chiquirín (puesto que al referirse a él le daban este nombre en la carta, así le llamaremos) se deslizaba entre los escombros con una agilidad extraordinaria, semejante a la de una lagartija.

Edmundo seguíalo aunque con alguna dificultad.

De repente lo vio desaparecer y quedose perplejo buscándole con la vista por todas partes, hasta que aquel le dijo asomando su gran cabeza entre un hoyo:

—Por aquí, camarada, por aquí...

El joven se acercó y pudo percibir, entre el espacio que mediaba de un gran trozo de piedra a otro, la entrada de una especie de cueva.

Siguiendo las indicaciones de su guía, Edmundo anduvo unos veinte pasos, poco más o menos, bajo la bóveda perfectamente bien conservada y que no era si no la cripta de un antiguo convento.

Chiquirín, que tenía allí su casa-habitación, encendió pronto un candil de aceite y a merced de su luz, pudo Edmundo abarcar de una sola ojeada el palacio de aquel rey de las miserias.

Allí tenía Chiquirín su lecho compuesto de un jergón viejo, sucio y roto, por cuyo abdomen (permítasenos la figura) retozaban libremente los ratones.

Trastos de cocina, útiles de comedor, pedazos de tela rondando por doquier, una mesita de pino desvencijada, vestidos andrajosos como el que Chiquirín llevaba puesto; he ahí lo que constituía la riqueza y el ajuar de aquella especie de madriguera.

—Siéntate sobre mi cama —dijo Chiquirín—, mientras yo arreglo la mesa; y no hagas caso del desorden que aquí se observa, puesto que ya sabes que vivo solo, que no tengo otra madre que el Mundo. Eso sí, te prometo que dentro de poco ya habrá quien arregle la casa, estará conmigo Mimí, que es tan hacendosa y tan buena...

Lo que Chiquirín había llamado la mesa, era un cajón que colocó enfrente de Edmundo; y de una canasta en la que este no había fijado su atención, fue extrayendo trozos de pan y carne fría guisada, queso, fragmentos de empanadas, huevos cocidos, plátanos asados, azúcar, chocolate, qué se yo cuántos otros manjares más que nuestros personajes contemplaron con ojos famélicos, pues recordará el lector que no habían almorzado.

Edmundo al verse en aquel sitio, al lado del pilluelo, con aquella mesa y aquellos manjares, reconoció estas dos verdades que no por viejas dejan de tener continua aplicación: "Con hambre no hay mal pan." "Ante la mesa todos somos iguales".

Vació en una gran taza de *china*, nuestro hombrecito, un poco de agua de la que contenía su jarro; y sentándose frente a Edmundo, sobre sus piernas enroscadas, en el suelo, comenzó a separar por pequeñas porciones el pan y la carne.

—¿No te había dicho que tenía provisiones en casa? Ya lo ves... Come, que si este festín no es el mejor que el que contemplabas con tanto aturdimiento cuando nos juntamos, tiene por lo menos una ventaja. Adivina cuál.

—¿Cuál?

—La muy importante de que aquello es ajeno, y

esto nos pertenece... conque... vamos comiendo en confianza, camarada, y hablando al mismo tiempo, puesto que tenemos que hacer...

Edmundo no esperó a que le rogase su huésped y comenzó a engullir con verdadera voracidad. ¡Hacía tantas horas que no comía!

—Has de saber, camarada —dijo Chiquirín—, que hay aquí una compañía de bandidos muy poderosa y muy temible, a la que tengo la honra de pertenecer, más que por deseos de hacer el mal al prójimo, por evitar que éste me lo haga a mí. Su jefe "Barbas de Oro", es el que escribió esa carta que tuviste la amabilidad de leerme y cuyo sentido voy a explicarte brevemente, porque urge que te impongas de todo. "Barba de Oro" es un viejo ladrón y asesino, muy experimentado en la materia, tan astuto que emplea hasta sus queridas en el *oficio*, y no omite medios por peligrosos o crueles que los suponga, para llegar al logro de sus fines. Una de esas queridas, Rafaela, o la *Bambita*, como le llaman en la cuadrilla, es una antigua... ¿me entiendes? Y aunque no del todo vieja, tiene talento para el *oficio* y habilidad muy grande. Sabe leer y escribir y posee en alto grado el arte de engañar a los demás. Conociendo "Barbas de Oro" lo que esta *alhaja* vale y deseoso de aprovechar sus buenas disposiciones, la hizo que se colocase como sirvienta en una de las casas más ricas de la ciudad, y durante dos meses que ella, con la mayor paciencia, ha desempeñado el papel de *doncella* de la señorita Amelia (no sé su apelativo) ha logrado captarse de tal modo su confianza y la de su familia, que la lleva y la trae por donde quiere, sin que se sospeche que la esta preparando un gran golpe. La carta que has leído nos anuncia que ese golpe debe darse hoy entre cinco y seis de la tarde. Yo podría evitarlo con sólo romper esa carta y decir a "Barbas de Oro" que Rafaela no pudo contestarle, que no sale hoy la señorita, o cualquier otra cosa por el estilo; pero mañana, u otro día, el Jefe hablaría con su querida y al descubrir mi traición me ahorcaría sin remedio.

Edmundo estaba admirado: había oído hablar muchas veces de cuadrillas de malhechores, sin dar completo crédito a las referencias que le hicieran, y de pronto, sin buscarlo ni desearlo, se veía al lado de uno de los agentes de esa sociedad oculta y terrible, de la que se contaban crímenes atroces. Le interesó, pues, la conversación y puso atento oído al Chiquirín, quien continuó:

—Pero suponiendo que "Barbas de Oro" no me atrapase se desquitaría con Mimí, la entregaría al Curro, que es uno de los principales bandidos; y eso sí que no lo puedo permitir, que antes daría mi cabeza.

—¿Y quién es Mimí? —Preguntó Edmundo.

—Mimí, como ya te he dicho, es mi amada, mi futura querida. Porque has de saber que no es ella una mujer *así no más*, si no toda una señorita tan pura y tan casta como bella.

—No comprendo entonces como puede estar afiliada a una cuadrilla de malhechores.

—¡Ah! Es que a Mimí la robó la tía *Tentación* siendo muy niña, y por supuesto ejercen en ella una fuerza moral extraordinaria que solo yo he logrado contrarrestar. ¡Eso si, a mí me ama de todo corazón, me obedece ciegamente y hará cuanto le diga!

—¿Qué edad tiene esa desgraciada criatura?

—Catorce años, tres años menor que yo.

Edmundo quedó pensativo: ¡qué de cosas para él ignoradas comenzaba a comprender!

—Pues como decía —continuó Chiquitín— no tengo otro recurso que llevar la carta.

—¡Ah! ¿Y tendrás corazón para contribuir a ese crimen, pudiendo evitarlo?

—Todo puede conciliarse siempre que tú me prestes tu ayuda.

—¿Y cómo puedo ayudarte?

—Fácilmente; pero antes camarada, ¿dime, como te llamas? ¡Habráse visto papamoscas igual a mí! No preguntarte por tu nombre y revelarte todos mis secretos!

—Me llamo Edmundo.

—¡Qué bonito nombre...! ¡Y yo que no puedo decir si tengo alguno propio! Pues bien, ya sabes mis secretos.

—¿Qué harías si los revelara? —Preguntó Edmundo en tono de broma.

—¡Eso no podría ser!

—¿Por qué no?

—Porque no serías capaz de ello.

—¿Y porqué crees que no lo sería?

—¡Baha!... has de saber que la desgracia me ha enseñado un arte precioso.

—¿Cuál?

—El de conocer a los hombres por su fisonomía.

—¡Ola! ¿con que también eres filósofo?

—Si por filósofo se entiende un hombre que desde muy chico ha tenido que estudiar los menores cambios de la fisonomía de los demás, para conservarse y vivir, yo soy filósofo.

—¿Y que has leído a través de mi semblante? —Preguntó Edmundo en el mismo tono humorístico.

—Si quieres que te diga la verdad...
—Sí, dila, con franqueza.
—Pues, he creído ver...
—Vamos, dilo todo... se leal y franco.
—He creído ver un alma noble, valerosa y apasionada.
—¡Mucho me favoreces! —Dijo el joven— y debo darte las gracias, sin aceptar un juicio tan lisonjero.
—¡No es favor... y si tu fisionomía no me hubiera hecho comprender, bastaríame el haberte visto humillado ante un juicio por conseguir lo necesario y salvar de la miseria a tu madre, para apreciar tus bellas cualidades.

Estas palabras fueron una completa revelación que Edmundo supo estimar. Conoció que aquel joven, casi niño, a través de su aspecto extravagante, en medio de sus vicios y de su mala educación, tenía instintos generosos y un talento creador y audaz.

Los dos permanecieron pensativos por algunos momentos, hasta que Edmundo dijo:

—¿En qué piensa, Chiquirín?
—Pienso —respondió este, con una expresión marcada de tristeza—, en que, si no fuéramos de tan distinta educación y alcurnia, bien podríamos ser amigos...
—¿Y por qué no? ¿crees que importa algo el linaje cuando se tiene corazón noble y generoso y un talento claro y sutil como el tuyo?
—¡Qué has dicho! —Exclamó el Chiquirín lleno de júbilo, ¿luego tú puedes ser mi amigo?...
—Ya lo creo, y te ofrezco mi cariño.
—¡Oh! Gracias, gracias, Edmundo... antes no tenía más que a Mimí en el mundo... solamente a ella a quien querer y en quien pensar...

—Y yo no tenía más que a mi madre... —contestó el joven.

—Ahora tengo un amigo...

—¡Un hermano!...

Y por un movimiento maquinal, obedeciendo a un mismo impulso, los dos jóvenes se abrazaron con efusión y con ternura.

De los ojos de aquel ente, al parecer ruin y despreciable, brotó una lágrima, y ella fue el sello que garantizó para siempre la más firme y leal amistad.

—¡Vaya, vaya! —Exclamó Chiquirín limpiándose los ojos con la manga de su levitón—; estamos perdiendo el tiempo sin recordar que yo juego en estos instantes mi vida. ¿Qué debemos hacer para evitar ese crimen?

—Piénsalo tú que conoces mejor que yo la situación y dilo, que yo estoy dispuesto a ayudarte.

Chiquirín después de meditar, dijo:

—No podemos contar con los *asoleados*, por que no se atreven a enfrentarse a la cuadrilla... debemos contar sólo con nuestros recursos.

—Veamos, pues.

—Oye: yo soy el encargado de indicar a Rafaela, la casa en donde debe cometerse el crimen y de cerrar la puerta que da hacia la calle, tan pronto como entren las dos mujeres; pues bien; dejaré la puerta sin llave y me la embolsaré... Tú te apostarás anticipadamente, tras unos promontorios de piedras que hay muy cerca, y tan pronto como entren ellas en la casa, te aproximarás a la puerta, y estarás muy atento. Cuando oigas un silbido muy fuerte, empujarás; yo te dejaré entrar y gritarás: ¡pase la patrulla, a ellos, a ellos!" al mismo tiempo que dispararás al aire, pero fingiendo atacar a alguno, tu pistola. Con solo eso

creo que pondrán pies en polvorosa… ¡son cobardes!
—¿Y si hacen uso de sus armas?
—Nos batiremos.
—Pero yo no tengo esa pistola de que me hablas.
—Yo te la daré.

Y Chiquirín sacó dentro del colchón una pistola vizcaína que puso en manos el joven.

Éste la examinó, y como conocía lo suficiente para juzgar de su calidad, quedó satisfecho.

—Esta cargada con dos balas cada cañón, perfectamente lista… ¿sabes tirar?
—Lo suficiente para defenderme.
—Entonces todo va bien.
—Ahora dime ¿bajo qué pretexto llegará allí esa señorita?
—Sucede que ella acostumbra ir a comprar flores todos los viernes, y en la casa de la tía *Tentación* se le ha dicho que las hay.
—¿Y quien dará la señal para que yo acuda?
—Mimí: ya te he dicho que me ama y me obedecerá ciegamente.
—Convenido; sólo falta que yo conozca el teatro de los sucesos futuros.
—Ahora mismo lo conocerás; yo voy a dejar la carta y a mi regreso paso por tí, que me esperarás en el sitio donde estuvimos hablando hace poco; marchare adelante a cierta distancia para que no nos vean juntos, y te demostraré lo demás.
—Arreglado, pues, Chiquirín.
—Oye, —dijo éste con una sonrisita burlona…— *¿no caerás delante del toro?*

Edmundo se puso serio y contestó:
—Escucha, Chiquirín: desde niño me han inspirado el más alto desprecio los cobardes, y mi

madre me enseñó esta máxima, que no debo olvidar: "De todos los sentimientos que agradarán a la humanidad, y que son para el que los abriga el más cruel torcedor, no hay ninguno más bajo e infame que la cobardía."

—Era una broma —exclamó Chiquirín, y estrechó la mano de su amigo.

En seguida salieron de la cueva y se oyó en la calle el silbido del pilluelo, alegre y jovial como siempre.

CAPITULO VII

La casa de la tía *Tentación* estaba situada en una calle extraviada, por la alameda de Santa Lucía, y Componíase de tres o cuatro aposentos o cuartos, de los cuales solamente el que tenía su puerta hacia la calle, era habitable.

En este cuarto, que era dormitorio, comedor despensa, etc., se veían dos o tres malas camas y cuatro o cinco sillas rotas, en el mayor desorden.

Postrada en su lecho yacía una mujer vieja ya, en la que el vicio había impreso su repugnante huella.

Estaba paralítica y por lo mismo no le era posible andar, razón por la cual siempre permanecía acostada.

Tenía las sienes comprimidas por un pañuelo y sus ojos, hundidos y profundos, brillaban no obstante, con siniestro fulgor.

Era esta la tía *Tentación*, de quien hablaba Chiquirín.

Sentado en un banco de madera, haciendo que zurcía una chaqueta vieja, se hallaba un hombre de regular estatura, delgado, de aspecto tuberculoso; pero fuerte aún. Su fisionomía era a la par que repugnante, estúpida. Cabeza pequeña con pelo rojo, como el de un jabalí, frente estrecha y surcada de profundas arrugas, nariz ancha y boca grande, sombreada por un bigote gris; terminando aquella cara fea y desapacible con una barba roja también, en el mayor descuido y desaseo. Vestía pantalón de jerga y camisa de lana, dejando ver sus brazos nervudos y cubiertos de vello.

Este hombre tenía en los ojos una movilidad

extraña, no veía jamás fijamente como el que tiene siempre algo muy malo que ocultar. Era "Barbas de Oro".

En el corredor de la casa había un telar, quizás porque se creyese que allí se trabajaba; y fingiendo hacerlo, estaba un mozo como de 21 años, grueso, rechoncho, fuerte, de cabeza redonda, cubierta de un pelo negro, grueso, erizado como una brocha. Su fisionomía vulgar y su traje recordaban su origen mexicano. Era el Curro.

En el propio corredor se ocupaba en enrollar unas cuerdas que servían para tender la ropa que se lavaba en la casa, una joven de bellísimos ojos, morena, de labios rojos que dejaban ver unos dientes pequeños, parejos y blancos como perlas. Sus cabellos castaños, partidos por la mitad caían en dos largas y sedosas trenzas sobre su espalda. Vestía el traje de nuestras *mengalas* con una gracia y un aseo que llamaba la atención. Era Mimí.

Poco más o menos serían las cinco y media, cuando sonaron dos golpes en la puerta, la que abrió "Barbas de Oro".

—¿Qué hay Chiquirín? —Preguntó el *jefe de malhechores*.

—Allí vienen las dos mujeres.

Algunos segundos después tocaron de nuevo y abrió Mimí.

En el interior de la habitación entraron sin vacilar dos mujeres: ama y criada.

—Buenos días, señora —dijo la segunda—; nos han dicho que Ud., vende flores de la tierra.

—¡Como no —respondió la tía Tentación, después de saludar—, ¿quiere la señorita comprar?

—Si no hay inconveniente.

—Pues ¡Mimí, Mimí! Guía a la señorita al jardín, hija mía, y que corten cuantas flores deseen.

La señorita Amelia y Rafaela siguieron a Mimí.

En el patio había un precioso jardín perfectamente cultivado, en donde ostentaba sus bellezas las rosas de todos colores, los lirios, azucenas, jazmines, dalias, etc., etc.

En la Antigua, en donde abunda el agua y en donde la tierra es fértil y el clima delicioso, no hay una sola casa, pobre o rica, en donde no se cultiven flores y frutas de todas clases.

El jardín era trabajo de Mimí; y aunque no lo conservaba la tía *Tentación* por su negocio, no desperdiciaba tampoco cuantas oportunidades se le presentasen para traficar.

Amelia estaba encantada, cortando aquellas flores con unas tijeras, con tal primor y cuidado, que parece que temía que ellas se resistiesen al tocarlas.

Era bellísima la tarde: el sol, que declinaba hacia el ocaso, lanzaba sus rayos de oro a través de blancas nubes, formando unos celajes deliciosos. El ambiente era suave y saturado de sabrosísimos perfumes; y la naturaleza toda parecía sonreír, comunicando al espíritu su hálito celestial.

Recorría el jardín Amelia de uno a otro extremo con gozo infantil.

Apenas diez y ocho primaveras habían pasado por el rostro hechicero de la joven, que a la blancura de las mujeres del Norte reunía la gracia y los encantos de las ardientes criollas de América. El óvalo de su cara era perfecto, sus ojos azules, de una expresión y dulzura imponderables; su nariz de un perfil suave y perfecto; su boca, boca de niña, fresca, sonrosada, graciosa, habría podido hacer competencia a las rosas. Su talle esbelto, flexible, de formas correctas y delicadas.

Vestía con sencillez un tarje de merino corinto, con adornos de terciopelo negro, y envolvía su talle un chal de burato de este último color, terciado con la gracia de una andaluza.

Sus cabellos, blandos como la seda y rubios como el oro, flotaban sueltos sobre su espalda, pareciendo aprisionar entre sus hebras sutiles, los rayos esplendidos del sol.

En pocos minutos la joven llenó de flores una cesta que llevaba Rafaela y volvió al aposento de la tía *Tentación*.

"Barbas de Oro" fingía surcir la chaqueta y Rafaela, pretextando que había olvidado un ramo en el jardín, salió del cuarto.

—¿Cuánto le debo a usted? —preguntó Amelia, dirigiéndose a la tía *Tentación*.

—Ah, señorita lo que usted guste —respondió la vieja.

Amelia sacó un portamonedas y puso un peso en la mano de la vieja.

En aquellos momentos, "Barbas de Oro", que había dejado su trabajo, se levantó dirigiéndose hacia la joven.

Esta, al contemplar al bandido, no pudo menos que temblar instintivamente de miedo.

—¡Precioso portamoneda! —Exclamó la vieja alargando la mano.

Amelia se la entregó.

—¡Muy preciosa! Sí, debe ser de plata... y la tía *Tentación* la pulsaba para calcular por el peso del dinero que contenía.

—¡Ah! —dijo "Barbas de Oro" aproximándose a

la joven—, ¡que pendientes tan bellos! —y se puso a contemplar las joyas con manifiesta codicia.

Amelia comenzó a sospechar que aquellas gentes estaban muy lejos de ser lo que parecían...

—¡Señorita! —Dijo "Barbas de Oro" con el mayor aplomo—, ¿querrá usted, hacerme el favor de quitarse esos aretes y mostrármelos?

—No puedo detenerme —respondió Amelia desconfiando—, es ya tarde y me esperan en casa... ¡Rafaela! ¡Rafaela! —gritó. Pero la miserable no contestó.

—¡Y esos anillos también... —agregó el bandido...

—¡Rafaela! —Llamó de nuevo Amelia, sin obtener tampoco respuesta.

—¿Quiere usted, hacerme el favor de llamar a mi sirvienta? —Dijo.

—Ya vendrá... ya vendrá, —respondió la tía *Tentación* con una sonrisita hipócrita.

—Conque... ¿me da Ud., esas alhajas? —Repitió el bandido.

La joven comprendió que había sido engañada por la sirvienta, y al verse sola, indefensa, a merced de aquellos bandidos de caras patibularias, en una casa aislada de todo centro de población, a donde no llegaba ni podía llegar la escasa policía que celaba el orden en las principales calles de la ciudad, Amelia, decimos, tembló de espanto y retrocedió dos pasos. El bandido avanzó hacía ella y replicó con un tono de voz meloso...

—Ha de saber usted, señorita, qué esta noche se celebrán las bodas de nuestra hija Mimí, con un caballero muy honrado, pero pobre... no tenemos mi mujer y yo con que dotarla, y es una verdadera lástima que una chica tan guapa se case sin llevar una sola alhaja que haga realzar su hermosura... si usted fuera tan bondadosa de donarles sus joyas... usted, es muy rica, las puede reponer sin dificultad... entre tanto que nosotros somos tan pobres... y Mimí y el Curro le quedarán tan agradecidos... Vamos ¿se decide Ud.?

—¡Pero eso es un robo! —Exclamó la joven indignada.

—Nos insulta usted, —gritó la tía Tentación—. ¿Con qué derecho nos injuria en nuestra casa?

—No te enojes, mujer, —dijo "Barbas de Oro"—... Esta señorita comprenderá que es inútil toda negativa y va a entregarnos las joyas, ¿no es cierto?

El bandido decía bien: Amelia había abarcado de una ojeada la situación, y comprendido lo infructuoso de toda resistencia; y pensó entonces en que, antes de exponerse a que aquel miserable emplease contra ella la violencia, era preferible entregarle sus joyas.

Quitose los pendientes de brillantes y esmeraldas, un prendedor de perlas, sus anillos de oro y cuanto llevaba de valor, hasta una cortaplumas de carey.

—Tome usted, —dijo sin la menor vacilación—. Allí tiene cuanto tengo. ¿Me dejará usted, partir ahora?

—Y eso que lleva usted colgado al cuello, ¿qué es? —Dijo "Barbas de Oro", fijando sus ojos terribles en Amelia.

—¡Ah! Es una medalla que no tiene para usted, valor alguno... recuerdo que mi madre me la dio el día de mi primera comunión...

—Démela usted... —dijo el bandido.

—¿Ni eso me quiere usted dejar? Yo le ruego me permita conservar esta reliquia santa... es un recuerdo muy amado... tenga usted piedad de mí—... y Amelia no pudiendo contenerse dejó caer sus lágrimas.

El miserable no se impresionó. Al contrario, con voz estentórea gritó... pronto deme usted eso, si quiere irse...

Amelia no replicó, y entregó la medalla.

—Ábrame usted ahora la puerta, —dijo.

—No será tan así no más, —respondió "Barbas de Oro"—... ¿Cómo había de permitirse que usted marchara sin darle antes una muestra de la admiración y simpatía que me inspira su belleza.

Amelia se puso lívida y retrocedió hasta chocar con una de las camas. En ella vio las tijeras que habían servido para cortar las flores, y por un movimiento instintivo, las tomó y dijo al miserable que avanzaba hacia ella:

—¡Detente! ¡Si osas tocarme siquiera la falda del vestido, te mato!

Una reacción terrible se había operado súbitamente en ella: ya no temblaba, estaba dispuesta a defenderse y a matar con las tijeras al bandido, antes que dejarse tocar de él. Muy cerca había una silla que Amelia tomó por el respaldo y agregó:

—¡atrás! ¡atrás! ¡Miserable.!

"Barbas de Oro" avanzó lentamente, y la joven lanzó sobre su cabeza el mueble con una fuerza que no era de esperar en ella; pero el bandido se agachó con una agilidad admirable y la silla pasó rozando su cabeza y fue a caer sobre la tía *Tentación*, que lanzó un rugido de rabia.

—¡Oh! —exclamó el bandido—. Puesto que quieres lucha, que la haya—, y se acercó hasta tocarla con su mano.

Amelia le dirigió una estocada con la tijera,

hacia el pecho, golpe que el bandido pudo esquivar, resistiéndolo en la mano izquierda. La sangre brotó en el acto. Y a su presencia el bandido rugió y se puso lívido de rabia.

Con un movimiento de pantera cayó casi sobre la joven, a quien oprimió por la cintura, al mismo tiempo que la desarmaba.

—¡Socorro! ¡Socorro! ¡Rafaela, socorro! —gritó la desdichada.

—Sí, llama, llama, —dijo la vieja con su risita burlona—, llama que ninguno te oirá.

En aquellos momentos se abrió la puerta de la calle y se oyó una voz fuerte y varonil que dijo:

—¡Gendarmes! ¡A ellos! ¡A ellos!

"Barbas de Oro" soltó a la joven, que huyó al extremo opuesto de la habitación; y armándose rápidamente de un puñal que extrajo de bajo de la almohada de la cama, se volvió en actitud de ataque hacia la puerta.

Casi en los mismos instantes resonó un disparo, cubriose de humo la habitación, y "Barbas de Oro" sintió en su cabeza el roce de una bala que se incrustó en la pared.

—Si te marchas, te mato, —exclamó Edmundo, apuntándole...

El bandido permaneció mudo, inmóvil, temblando, ante aquel enemigo contra el cual comprendió en el acto que no le era posible luchar.

Sin embargo, la esperanza le hizo gritar...

—¡Curro, Chiquirín, Mimí, que me matan, me asesinan!...

Pero solo respondió la carcajada burlona de Chiquirín, quien penetrando por la puerta del corredor, dijo:

—Vaya, maestro barbudo, buena cara tiene Ud... está tan pálido y tan feo como el hombre aquel a quien hecho usted en el pozo para robarle cien pesos... viejo ladrón, en vano imploras el auxilio del Curro, por que está bien atado de pies y manos y tan impotente para moverse como la tía *Tentación*, esa vieja tullida y miserable... No te muevas, viejote, no te muevas, ve que el señorito tiene un pulso maravilloso y es capaz de volarte la tapa de los sesos...

Y saliendo al corredor gritó:

—Mimí, ven acá, trae las cuerdas... ¡Ah ladrones de criaturas, estaban creyendo que iba yo a dejar que entregarán a Mimí en brazos de ese indio estúpido y brutal, de ese Curro asesino como ustedes, bueno estaba... ¿con que esta noche se celebran las bodas de Mimí, conque esas alhajas son la dote que ustedes Le dan? Tú, "Barbas de Oro," te casaras esta noche con el Diablo; porque ahora vas a morir... sí, vas a morir...

Mimí penetró en la estancia llevando una de las cuerdas que se ocupaba en enrollar momentos antes de que llegase Amelia.

—Aquí esta la cuerda —dijo, y en un semblante se reveló el buen humor y la alegría.

Entre tanto, Edmundo, con los ojos fijos en el bandido, le apuntaba al corazón.

Amelia, temblando aun, no repuesta del susto y del temor, contemplaba a aquel joven gallardo, hermoso, pálido, cuyos ojos brillaban con una resolución terrible, y a quien debía la honra y quizá la existencia.

La tía *Tentación*, impotente para moverse, había optado por el recurso de cubrirse la cara con el cobertor, esperando por este medio que no se fijarían más en ella y que la dejarían libre.

—Vamos maestro, —dijo Chiquirín—... voy a lazarlo a usted como a un toro cerrero. A ver, Mimí, dame la cuerda...

Y el pilluelo tomó el cordel que tenía una gasa, y haciendo muecas y ademanes como si se tratase realmente de lazar una res, dio varias vueltas al pial en el aire y lo lanzó a la cabeza de "Barbas de Oro," enrollándole el cuello.

Lanzó un rugido el ladrón; pero no se movió, porque la pistola de Edmundo no se apartaba una línea de la dirección de su pecho.

—"Barbas de Oro," —exclamó Chiquirín—, elige entre la vida o la muerte...

Aquél se estremeció de terror.

—Te vamos a perdonar —dijo Chiquirín—; pero es necesario que te dejes atar de piés y manos, sin resistencia, ¿lo oyes?

—Me rindo —respondió "Barbas de Oro"— me rindo, y arrojó lejos de sí el cuchillo que aún empuñaba.

Chiquirín, auxiliado por Mimí, ató de pies y manos al bandido, tendiéndole en el suelo, con la cara hacía abajo, y cuando concluyó aquella operación, comenzó a recoger todas las joyas que con la portamonedas, había puesto el ladrón sobre el suelo y se las dio a Mimí.

La muchacha tomó aquellas preciosas alhajas, las puso sobre su delantal, y avanzando hacia Amelia, le dijo:

—Señorita, tómelas, son de usted...

Amelia fijó en ella una mirada de gratitud y de dulzura, y respondió:

—Mil gracias.

Tomó en seguida sus alhajas y acercándose a

Mimí le dijo:

—Conserva este recuerdo mío... nada vale; pero es ofrenda de mi gratitud...

Y ella misma, con sus blancas y delicadas manecitas, colocó en el seno de la muchacha el magnífico prendedor que llevaba puesto pocos momentos antes.

Mimí, indecisa y encantada, volviose hacia Chiquirín como interrogándole con los ojos si debía aceptar o no aquel obsequio, y el joven respondió:

—Acéptalo, Mimí, bien lo mereces, y sobretodo esa es la primera alhaja que te regalan de procedencia honrada.

Mimí bajando los ojos, murmuró:

—Señorita, cuánto agradezco a Ud... ¿qué podría hacer para pagarle tan inmenso favor?

—Vamos, pronto, —interrumpió Edmundo—, se acerca la noche y es necesario que la señorita vuelva a su casa.

Amelia volvió sus ojos azules y tiernos hacia el joven, y algo más elocuente que las palabras le quiso decir con ellos, porque él, ruborizándose, bajó los ojos y se estremeció de felicidad.

Antes de salir de aquella casa maldita, tuvo Chiquirín la precaución de cerrar con llave las dos puertas, de manera que "Barbas de Oro" y la tía *Tentación* quedaron encerrados, entretanto que el Curro, atado también, se revolcaba inútilmente en el corredor al lado de los telares.

La noche había avanzado, cuando Amelia, seguida de los tres jóvenes salvadores de ella, llegó a una cuadra antes de su casa. En ese momento, volviéndose a Edmundo, le dijo:

—Le debo a usted la vida: y tanto favor no puedo

pagarle: conserve este recuerdo mío, es una reliquia muy milagrosa que me regaló mi madre cuando hice la primera comunión. Es tan milagrosa, que con ella no hay peligro invencible; guárdela usted siempre, siempre.

Y la joven se adelantó seguida de Mimí, pues habían convenido en que la acompañase hasta su casa.

Edmundo estaba como idiotizado. ¿Quién era aquella criatura encantadora a quien comenzaba a amar?

No lo sabía; y sin embargo, le parecía que algo era de su corazón.

Los jóvenes marcharon hasta tomar la calle de Santa Catarina, y a poco andar se les reunió Mimí.

Chiquirín sacó una moneda y dijo a su amada:

—Compra tinta, papel y plumas en la tienda; aquí te esperamos.

A los pocos momentos volvió Mimí con aquellos recados de escribir.

—Vamos a casa, —dijo Chiquirín.

—No puedo acompañarles, respondió Edmundo—. Mi madre, a quien no he visto desde esta mañana, me espera.

—Es que sin ti no hay nada, —contestó Chiquirín—, se necesita escribir y yo no sé.

—¡En eso piensas ahora!

—Sí, debemos dar parte a *tata Pongón*, para que prenda a esos miserables.

—Tienes razón; vamos, pues, pronto.

Cinco minutos más tarde los tres jóvenes estaban reunidos en la bóveda casa de Chiquirín, y Edmundo escribió en un papel lo que sigue:

"Señor jefe de Gendarmes, en la casa única del Callejón de Maravillas, están encerrados y atados los principales jefes de la cuadrilla de ladrones que hace poco asesinaron en el "Manzanillo" a un viajero, y que tanto han dado que hacer a usted y a sus subalternos. Hoy mismo puede usted aprehenderlos sin trabajo. —su afectísimo. Q. N. S."

Chiquirín tomó la carta y dijo:
—Ahora vámonos; Edmundo, voy yo a dejar esta carta a la gendarmería y tú a tu casa.
—Adiós, Mimí, dijo Edmundo. Nos veremos mañana aquí a las diez.
—Adiós, hasta mañana.
—¡Adiós!
En la calle volvió a oírse el silbido alegre y jovial del pilluelo.

CAPITULO VIII

l volver Edmundo a su casa aquella noche, tuvo necesidad de disculparse con Margarita por su larga ausencia, y no encontrando ningún otro medio que el de mentir, así lo hizo, pues temía referirle la aventura en que sin querer se viera envuelto.

Se dijo que desde por la mañana había podido colocarse en un almacén como dependiente, con la suma de veinte pesos mensuales, de los que le habían ofrecido anticiparle una parte. Margarita lo creyó y felicitó a su hijo por su actividad y su buen proceder.

Refirióle a su vez la pobre señora que don Diego no había acudido a la cita y que acudía su falta a las muchas ocupaciones que era probable que embargasen la mayor parte del tiempo de una persona tan importante como él; y agregó que iba a escribirle de nuevo.

El joven le suplicó que dejase pasar dos días más, mientras el dueño del almacén le entregaba el anticipo ofrecido; en lo que convinieron.

Los sucesos que hemos referido anteriormente daban demasiado trabajo a la imaginación de Edmundo para que pudiese conciliar el sueño. La imagen de Amelia se presentaba de continuo a su mente exaltada, y por primera vez en su vida sentía esa vaga inquietud, esas palpitaciones del corazón que comienza a amar.

Pasó la noche en claro y al amanecer se vistió apresuradamente y después de saludar a su madre salió a la calle.

Anduvo vagando por los sitios más despoblados y solitarios y viéndose solo, sin que nadie pudiera observarle en un momento de delirio y amor hasta entonces nunca por él sentido, llevó a sus labios la preciosa reliquia que Amelia le obsequiara: pero enseguida sintió cierta especie de remordimiento; pareció le que había cometido una falta, creyó que en su miserable situación no le era permitido amar a tan noble criatura como Amelia sin ofenderla y se reprochó a si mismo por aquel desahogo de su corazón tan espontáneo como puro.

Su pensamiento por una coincidencia muy natural le llevó a la mísera choza del pilluelo y al compararse con él se sintió mucho más desgraciado. Y tenía razón, porque en aquellos momentos era probable que estuviese colmada la más grande aspiración de Chiquirín...

Dirigióse Edmundo a la habitación de sus amigos y al encontrarlos, a ella sonriente y a él ufano, comprendió que en aquella cueva, en donde apenas penetraba una débil claridad, brillaba un sol: el del amor.

Como Edmundo sintiese ya por sus amigos, tierno y sincero afecto, muy explicable no sólo porque en su abandono era natural que sintiese necesidad de compartir con alguien sus penas, sino porque estaba agradecido por la conducta que aquéllos habían observado respecto de Amelia; no vaciló en aceptar la hospitalidad que Chiquirín con su habitual franqueza le brindó.

Almorzaron y comieron juntos, haciendo por la tarde un paseo por los bellos alrededores de la ciudad.

Separándose al caer el sol, ofreciendo juntarse al siguiente día.

Pero no fue así, porque Edmundo al salir de su

casa tomó distinto rumbo.

Necesitaba el joven estar solo para reflexionar libremente acerca de su situación.

Era llegado el momento en que si no pagaba los alquileres anticipados de la casa que habitaban con Margarita, serían irremisiblemente lanzados a la calle.

¿Qué hacer? —se preguntaba— y por una confianza muy natural en quien no conoce ni ha experimentado toda la intensidad del daño que el hombre en su egoísmo es capaz de causar en sus semejantes; se dijo: "¡Ah! No serán bastante crueles para lanzar a la calle a una pobre mujer enferma, tendrán piedad de ella y nos concederán una prorroga más."

Y pensando así, llegó a una plazuela y se encontró frente a una iglesia.

En esos instantes llegaron a sus oídos las dulces y armoniosas notas del órgano, y atraído por aquella música celestial, penetró sin vacilar en el templo. Estaba éste casi desierto, dos o tres devotos únicamente oraban con fervor.

El joven permaneció abstraído, hasta que reinó el mayor silencio y salió de la iglesia el último de los que allí había encontrado.

Los rayos del sol penetrando a través de los vidrios de colores de que estaban guarnecidas las ojivales ventanas, iluminaban suavemente los altares y las imágenes del templo de M...

Edmundo comenzó a recorrer las naves admirando con su curiosidad infantil las espléndidas bellezas que se encontraban en la casa de Dios.

Llegó enfrente del altar mayor y quedó deslumbrado.

Entre un nicho de flores se veía una escultura

recamada de oro y de plata. Era la de nuestra Señora de las Mercedes, casi de tamaño natural y de una belleza y perfección de forma incomparable. El manto que la cubría desde los hombros, era de terciopelo corinto bordado de oro; la diadema que coronaba su hermosa cabellera, del mismo metal, engastada de piedras preciosas que producían torrentes de luz de todos colores. Del cuello de la virgen pendía un rosario de blancas y bellísimas perlas, cuya extraordinaria magnitud hacía comprender su gran valor. Tanta profusión de oro, diamantes, rubíes, perlas y esmeraldas, llamaba de un modo vivo la atención del joven, quien se acercó cuanto más pudo al altar.

Una atracción poderosa le arrastraba: aquellas riquezas despertaron en su corazón hasta entonces inocente y sencillo, el instinto del robo.

Y se dijo: "¡Cuán rica es nuestra Señora! Si yo poseyese siquiera ese collar de perlas, qué no haría en beneficio de mi pobre madre que muere de hambre y de todo género de miserias! ¡Es tan fácil tomar ese collar! Me basta subir sobre el altar para hacerlo. Nadie me ve... ¿Quién podrá saber que el hijo de Margarita fue el ladrón?"

Pero su conciencia, en la que aún resonaba la voz del deber, le hizo exclamar: ¡Sería un pecado muy grande! ¡Qué pensaría nuestra Señora! ¡Cómo se enojaría conmigo!

El diablo de la tentación descorrió en tales momentos a su imaginación delirante, el cuadro horrible en que descollaba la figura pálida y casi moribunda de su adorada madre.

Y recordó con rabia cuánto había sufrido y cuánto había hecho por obtener de un modo honrado lo que era indispensable para su existencia.

"Cierto es —se dijo—, que la Virgen se enojará; ¿pero no ve ella desde el cielo la miseria que nos rodea y la imposibilidad de modificar, por el momento a lo menos, nuestra situación? Por otra parte, ¿para qué puede querer nuestra Señora esas joyas? ¿De qué le servirán a ella que es reina de los cielos y la tierra?"

Brilló en los ojos del joven una mirada codiciosa, sus labios se plegaron con una sonrisa de anticipado triunfo y subió las dos primeras gradas del altar; pero por un movimiento rápido retrocedió espantado, oprimiéndose las sienes con ambas manos.

En la especie de delirio de que se hallaba poseído, había creído ver que de los ojos de la Virgen animados súbitamente, se desprendían algunas lágrimas y que sus labios se entreabrían para reprocharlo.

—¡Desdichado de mí, desdichado de mí! —exclamó—. ¡Qué iba yo a hacer!

Y huyó precipitadamente del templo.

CAPITULO IX

La casa de Edmundo parecía estar desocupada, pues en vano llamó fuertemente al llegar. Preguntábase a sí mismo qué podría ser aquel silencio y no se lo explicaba.

En eso oyó que le llamaban, volvió los ojos y observó que en una de las ventanas de la casa de enfrente le hacía señas una mujer.

Acercose el joven y aquella le dijo que tocaba en vano porque la casa estaba deshabitada.

—¡Es imposible! —Exclamó el joven—; no hace más de dos horas que salí dejando en ella a mi madre y a nuestra criada.

—¡Ah! ¿Es la madre de Ud., aquella señora tan pálida y tan enferma...?

—¡Sí, mi madre; pero ¿Qué ha sucedido? Dígame usted lo que pasa, señora, por favor!...

—¡Pobre niño! Exclamó la vecina con profunda lástima: veo que usted sufre demasiado y es necesario tener valor.

—Ya lo tengo, señora; pero hable, diga usted... la escucho con verdadera inquietud.

—Pues, bien, oiga usted; hará una hora poco más o menos, venía yo de la plaza de hacer mis compras, cuando me sorprendió ver en la puerta de enfrente varios alguaciles y gendarmes... Parecióme aquello de mal agüero y para observar lo que pasaba, sin ser vista, me coloqué en esta ventana con las bandas entornadas...

—Siga usted...

—Uno de los alguaciles, a quien parece que dirigía cierto sacristán, que debe ser el agente o criado del dueño de la casa, penetró al interior con unos papeles en la mano. Después de largo rato salieron y comunicaron a los alguaciles alguna orden que supongo fue para hacerla desocupar, por que enseguida y en un santiamén, como cuando se pilla una *clandestina*, sacaron todos los trastos y *tapalcates*, bien pocos verdaderamente, y los pusieron en la calle.

—¡Ah, miserables! —Exclamó Edmundo—... ¿y mi madre?

—La pobre señora, casi arrastrándose salió hasta el zaguán, pero sin duda no valieron nada sus ruegos, porque los infames no la atendieron. La enferma cayó exánime, como privada de sentido en brazos de la otra señora que la acompañaba y que supongo será la criada de que usted me habló. Los alguaciles cargaron con los trastos, sin duda para el cabildo, y viendo a la señora desmayada, se la llevaron en una silla de manos... según me dijo un chiquillo a quien mandé que los siguiera, para "San Lázaro".

—¡San Lázaro! ¿Dónde es esa casa o prisión?

—No es casa particular ni prisión, sino un hospital a donde llevan a los enfermos pobres.

—¡Ah! —Exclamó el joven con desesperación—. ¡Mi madre en el hospital!

—No se aflija usted así, niño, —respondió la vecina—; el hospital no es tan malo como piensan algunas gentes; allí hay unas hermanitas de la caridad muy buenas y amables que cuidan a las mil maravillas a los enfermos; por lo que a usted toca, puede disponer de mi casa. Ya no tardan en llegar mi marido y mi hijo, ambos son buenos y honrados y tendrán mucho gusto en que yo la ofrezca a usted y en que compartamos con usted nuestro pan mientras

piensa y resuelve lo que mejor le conviene hacer...
¡Ea, pues, señorito! No se apene usted así, tenga valor y confianza en lo que le digo: entre usted de una vez.

Y la buena mujer corrió a abrirle la puerta.

—Gracias, señora, respondió el joven. Ya había oído decir que el pueblo Guatemalteco es esencialmente caritativo y ahora tengo una prueba de ello en la conducta generosa de usted para conmigo.

Edmundo aceptó de pronto aquella oferta; pero como lo que más deseaba era ver a su madre, pidió datos de la situación del hospital y se dirigió a él.

¡Cuál fue su desesperación al oír de boca del portero que no era permitido ver a las enfermas más de dos veces por semana: los jueves y los domingos, y aquel día era lunes.

Edmundo tendría en consecuencia que esperar más de cuarenta y ocho horas para él eternas.

Y entretanto Margarita podía morir sin tener el consuelo de verlo y estrecharlo por última vez entre sus brazos.

¡Ella, la que tanto le amaba, la que no había vacilado ante ningún obstáculo ni sacrificio, por obtener algún bienestar para su hijo!

"¡Oh mi madre morirá!" —se decía— morirá agobiada por sus sufrimientos morales, más que por sus enfermedades físicas; y yo que he sido la causa de todos sus padecimientos, el objeto constante de todos sus anhelos, ¡miserable! No he podido encontrar para ella un hogar seguro, ni siquiera un pedazo de pan. ¡Sí, he sido un inútil y un cobarde; inútil porque nada sé, cobarde porque no he podido arrojarme a los pies de los transeúntes y mendigar para ella. ¡Ah! ¿Por qué no se me dió un oficio cualquiera, antes que infundirme unos principios y una instrucción que sólo me sirven de rémora? No lo sé; pero el hecho es que ella debe ser para mí antes que todo, antes que el honor y la virtud, que al fin y al cabo de ¿qué me serviría ser honrado y virtuoso si nadie ha de fijar en mí su mirada compasiva? No tengo a nadie en el mundo más que a ella; con un poco de dinero puedo salvarla, entretanto que recobramos las cinco mil onzas que nos deben; no debo vacilar más, voy en busca de las alhajas de la virgen, ella me perdonará.

Y el joven se encaminó de nuevo a la iglesia de M., la que aún encontró abierta y desolada.

Con mano firme y en menos tiempo del necesario para referirlo, despojó a la imagen del collar de perlas, y ocultando su presa, se perdió de nuevo en las eternas y solitarias calles de la noble y despoblada villa.

CAPITULO X

Era Fray Angélico, cura de M.; un hombre como de cincuenta y cinco años de edad, de estatura mediana, flaco, consumido, según se decía, por los ayunos y penitencias.

Su faz escuálida, descubría a los ojos de un observador hábitos y vicios ocultos para la generalidad. Su frente surcada de profundas arrugas, indicaba el hombre acostumbrado a la meditación, sus ojos negros, profundos, sombreados por espesa ceja negra, revelaban inteligencia y un carácter resuelto, y su boca de labios hundidos continuamente por una sonrisita que se esforzaba en parecer amable, dejaba adivinar al hipócrita.

Fray Angélico gozaba de reputación de sabio y de santo; y como estaba emparentado con notables personajes de la Republica, ejercía poderosa influencia en la Curia, y por ende en el Gobierno.

Era casto, por imposición de la edad; pero en extremo avaro y amigo de lo ajeno, vicios que disimulaba perfectamente, merced al hábito de la reserva y al talento de fingir y de engañar que era lo que constituía su modo de ser.

Su capital, en metálico, lo tenía empleado a mutuo por medio de sus agentes, a elevado tipo, burlando así las leyes moderadoras de la usura. Le dominaba la codicia hasta el punto de que, a su hermana, mujer de cuarenta y cinco años que vivía consagrada a su servicio, le negaba muchas veces lo más indispensable para el gasto de la casa; pero como el pueblo le reverenciaba y le quería, por sólo el hecho de ser cura, le suministraba en artículos de consumo, todo cuanto podía necesitar.

Por su parte el cura de M., sería secretamente de aquellas almas a quienes se esforzaba en mantener sumergidas en la más crasa ignorancia y exagerada adhesión hacia su persona.

Además de la parte en los derechos parroquiales que le pertenecían, aumentaba su haber las entradas brillantes que, bajo pretexto de sostener el culto, hacía ingresar al pueblo, entre el que distinguían, por su fervor, los individuos de la raza indígena.

Como una muestra de la hipocresía de Fray Angélico, podemos citar un hecho que por lo original merece ser referido.

Cuando entre las cantidades colectadas por vía de *limosna* encontraba algunas monedas falsas, no las destruía, si no que las obsequiaba a los pobres ciegos en sus excursiones por la ciudad. Así creía engañar a los pobres, y crear fama de caritativo. En cambio, los mendigos, que no tenían pelo de tontos, tornaban a depositar aquellas monedas sin curso en el mercado, en las alcancías del templo de M., de suerte que recorrían de contínuo un círculo vicioso.

Para concluir por ahora, con este santo varón, agregaremos que como el pueblo ignorase la diferencia que existe entre un clérigo regular y un fraile, designaba al Cura de M., con este título y por igual razón así lo haremos nosotros en lo sucesivo...

Al siguiente día del robo, Fray Angélico que era muy cuidadoso, recorría las naves de la iglesia haciendo indicaciones al sacristán, acerca del aseo y conservación de los altares e imágenes, cuando notó, lleno de estupor y asombro, que había desaparecido el valioso collar de perlas.

Interpeló con el sobresalto que era natural al

viejo sirviente de la iglesia, pidiéndole explicaciones, que no pudo darle, limitándose a jurar los santos y santas de la Corte celestial, que ni un momento había olvidado sus deberes de guardián.

Confundíanse el entendimiento del Cura, y en su imposibilidad para dictar por sí sólo alguna providencia, resolviose a poner el suceso en conocimiento de la autoridad.

Tomó al efecto su teja, y con su acostumbrada actividad se dirigió a casa del Juez de primera instancia.

Vivía este alto funcionario en la calle real, cerca del arco de Santa Catarina.

Cuando Fray Angélico llegó, aún estaban cerradas las puertas y ventanas; pero como amigo y pariente que era del Juez, no vaciló en llamar.

Un criado le abrió, y al reconocerlo, lo instó a que entrase, haciéndolo el sacerdote sin ceremonia alguna.

De una vez dirigiose al escritorio de Don Diego Mendíbar, (así se llamaba el representante de la justicia) a quien encontró sentado en ancho sillón de brazos rectos frente a una mesa cubierta de papeles, en la que descollaba un tintero plateado y varias plumas de ave.

Trataremos de dar una ligera idea de la fisionomía de este personaje.

Representaba de cuarenta y ocho a cincuenta años y sus formas robustas y su faz bien conservada, hacían comprender que gozaba de perfecta salud. Su frente era ancha y despejada; su ceño adusto y severo; sus ojos negros, razgados, su nariz aguileña, su boca un tanto grande, dejando ver a las veces una dentadura blanca y cuidadosamente conservada. Tenía completamente afeitado el bigote y usaba patillas a la inglesa, recortadas con primor. En lo general era de aspecto enérgico a la par que soberbio. Su traje perfectamente ajustado a su talle y de una limpieza y corrección intachables, así como la blancura y pulidez de sus manos, ponían en evidencia su buena educación.

Don Diego era de las personas que en aquella época se denominaban nobles; por más que sus abuelos hubieran tenido la no muy noble de vender mapapolan y cochinilla, y que no ostentaran en sus almacenes, otro distintivo heráldico que éste: "Hoy no se fía, mañana sí". (Como dice de algunos nuestros compatriotas Alfredo de Valois).

Se había dedicado a la carrera del foro, más que por amor a la ciencia del derecho, por el deseo de figurar, y porque no pudiendo obtener un título de nobleza, era por lo menos aceptable poseer el de Abogado.

Mendíbar poseía lo necesario para vivir en holgura; y si ocupaba el puesto de Juez, era por que, con su carácter altivo y orgulloso se avenían perfectamente las prerrogativas y distinciones de que gozaban las autoridades del ramo judicial.

Hallábase casado con una prima suya, doña María Josefa, a quien le ligaban intereses de familia, más que el amor, pues de advertir que don Diego había sido bastante calavera y, por ende, enemigo del celibato.

El matrimonio le había dado una sola hija, Elisa, que a la sazón contaba doce años.

Madre e hija eran, según se decía, un dechado de virtudes, de trato afable, cariñoso y franco, y por lo mismo muy estimadas y queridas; ente tanto que don Diego, por lo general, era aborrecido.

Cuando Fray Angélico entró, como hemos dicho, en la estancia del Juez, éste se hallaba sentado delante de su escritorio, con la cabeza entre las manos, pensativo, meditabundo.

No escuchó, probablemente, los pasos del sacerdote, porque no se movió de su asiento, y aquel exclamó con voz suave y meliflua;

—¡Ave María purísima!

—¡Gracia concebida! —respondió el Juez, y al conocer al fray angélico agregó con familiaridad:

—Eres tú, Angélico... siéntate...

Él cura se arrellenó en un sillón que su pariente y amigo le indicara.

—¡Alabado sea Dios! —dijo éste.

—¡Qué casualidad! pensando en tí estaba, Angélico... iba a mandarte a llamar.

—¿Me necesitas para algo?

—Sí, amigo mío; tengo algunos consejos que pedirte, no sólo como amigo sino como sacerdote.

—Habla, pues, ya sabes que estoy a tu disposición.

—Es el caso, que allá en mi juventud, hará unos veinte o veintiún años, conocí en la capital una mujer que entonces hacía raya por su hermosura. Era alegre; y su casa servía de centro de reunión a los jóvenes elegantes de la buena sociedad. Había tenido algunos amantes, y ya sea porque estuviese yo enamorado de ella, o por vanidad, el hecho es que procuré conquistarla y después de mil locuras y humillaciones lo logré. Vivimos juntos algunos meses, sin que yo supiese que cometiera alguna liviandad; pero un día recibí una carta de un amigo en la cual me decía que Margarita no me era fiel. Esta circunstancia, unida al fastidio que ya me causaba, me hizo abandonarla quedando ella en cinta. Jurome que eso era el fruto de nuestra unión; pero no podía creerla y la rechace. Al poco tiempo escribiome, diciéndome que había tenido un niño y que era mi hijo, de nuevo la rechacé, no sólo porque dudaba de mi paternidad, sino porque a mi edad, en mi posición, próximo a recibirme, no me era posible lanzar a la familia una mancha tan deshonrosa como la de aceptar un hijo natural. Pasaron dos o tres años durante los cuales parece que ella se entregó con más ahínco a sus desvíos, hasta que desapareció de la capital y no volví a saber de ella.

—¡Bonita historia novelesca de calavera! —Interrumpió fray Angélico, sonriendo:

—Sí; pero lo más bonito es que hace tres días recibí otra carta, en la que, después de veinte años, me asegura que aquel niño es mi hijo: que ella se ha regenerado y que espera le dispense mi protección.

—¿Y qué le contestaste?

—Desde luego, si no acepté las consecuencias de aquellos amorcillos de joven, cuando los hechos estaban recientes, menos podía aceptarlo hoy que tengo una esposa y una hija, a quienes debo respeto y todo género de consideraciones. De suerte que en el acto respondí al mensajero de la carta que no conocía a su autora, y que por ese motivo no asistiría a la cita que me pedía, ni me era posible recibirla en mi casa.

—Bien hecho; has obrado prudentemente, pues lo más probable es que esa señora tuviese por objeto hacerte caer en un lazo. Dándole ocasión, con hechos visibles, para que no se entable un litigio a fin de probar la filiación de su hijo, que tu no puedes ni debes reconocer, no sólo porque no lo amas como tal, sino porque sería producir un grande escándalo, dada tu alta posición en la sociedad.

—¿De suerte que apruebas mi conducta?
—Sí, como la más justa y acertada.
—Vaya ahora estoy tranquilo, puesto que tú me das la razón.
—Pasemos a otra cosa: te contaré que hace tres días fueron capturados varios de los malhechores de la cuadrilla del célebre "Barbas de Oro".
—¿Cómo así?
—Debido a la actividad de nuestro jefe de gendarmes *Pongón*.
—¿Y de que crímenes se les acusa?
—Hace meses asesinaron en el Manzanillo a un viajero para robarle, después ahogaron a otro con igual objeto y últimamente atrajeron a una casa a cierta señorita con intención de robarle. Por fortuna, según parece la belleza de la dama impresionó a uno de los principales jefes de la cuadrilla, el que, con ayuda de varios de sus compañeros, pudo salvarla...
—¡Ah! ¡ah! Y se puede saber el nombre de la señorita.
—En mucha reserva, porque como llegó ya tarde a su casa, y como a su belleza debe la salvación de sus alhajas, el hecho pudiera dar margen a comentarios muy feos... perjudiciales a su honra...
—Pero, su nombre...
—Es la hija de nuestro amigo don Justo, el español dueño del Hotel Americano... Amelia...
—¡Oh! Exclamó admirado fray Angélico, ¡qué cosas se están sucediendo ahora! ¡Y qué coincidencia! ¿De manera que una parte de la cuadrilla anda libre en la ciudad?
—A creer en las afirmaciones de "Barbas de Oro", el principal jefe de la cuadrilla es el salvador de Amelia, cuyo nombre no quieren decir, así como

un tal Chiquirín y una joven a quien llaman Mimí. Según ellos, ese desconocido atrajo a casa de uno de sus cómplices a Amelia, por medio de su criada, una tal Rafaela que ayer fue capturada, y que al principio negó los hechos; pero en careos practicados confiesa su participación.

—¿Y cómo se supo eso?

—Primero por la denuncia anónima que recibió *Pongón* para prenderlos; y luego, porque don Justo me lo comunicó al día siguiente.

—¡Ah! —Dijo fray Angélico—, los sucesos que me refieres nos ponen en camino de averiguar otro crimen no menos grande que el cometido anoche en la iglesia de M.

—¿De qué crimen me hablas? —Preguntó admirado don Diego.

—Del robo de un magnífico collar de perlas de nuestra Señora de las Mercedes, perpetrado anoche, y que he venido a poner en tu conocimiento.

—¿Y los ladrones?

—Deben ser indudablemente, los compañeros del "Barbas de Oro", de que me hablas.

—¿Pero tienes algunos datos?

—Ninguno, pero por lo que me cuentas, ellos deben ser.

Ambos interlocutores permanecieron por algún tiempo pensativos. Al fin dijo el Juez:

—Es indispensable hacer un escarmiento: con dos o tres fusilados, los bandidos entrarán en temor.

—Sí —replicó fray Angélico—, es necesario; pero nuestro sistema tardío en enjuiciar y la escasez de pruebas, impiden la acción de la justicia.

—Por eso debería procederse por las vías de hecho, como se hizo en Azacualpa, fusilando a todo ladrón capturado infraganti.

—¡A lo militar! Eso es.

—Voy a poner, en el acto en conocimiento, del Corregidor el suceso y escribir al Regente de la Corte Suprema.

—Y yo al Arzobispo y a su Excelencia, y a preparar actos piadosos que, despertando el favor religioso del pueblo, le haga contribuir al descubrimiento y captura de los bandidos. Sin embargo, —agregó fray Angélico—, por ahora conviene ocultar este último robo, con el objeto de inspirar confianza a los malhechores, pues de otro modo tal vez no logramos nuestro objeto. Pon en actividad a los tuyos, que yo haré por mi parte lo que pueda... entretanto, mucha reserva, ¿lo oyes?

—Estoy de acuerdo contigo, lo más prudente es esperar unos días, y movernos en silencio todos. Voy a mandar a llamar a *Pongón*, y si es necesario, ofreceré una buena suma a alguno de los presos, para que coopere a la persecución de sus compañeros.

Los dos amigos se separaron pensando en sus planes.

Al llegar a su casa fray Angélico, recomendó a Luciano, el sacristán, la mayor reserva, y en el acto envió a Guatemala un correo particular, entretanto que el Juez se dirigía a casa del Corregidor.

CAPITULO XI

La actividad de los tontos por lo general es más peligrosa que de los malos.

Los tontos de muy buena intención, causan daño por imprudencia, por descuido.

Los malvados lo causan generalmente por reportar alguna utilidad, lo que es más remoto.

Prueba de ello nos ofrece lo que pasamos a referir:

Luciano que como hemos dicho, había desempeñado durante veinte años el oficio que le estaba encomendado, sin que ninguno de los señores sacerdotes que consecutivamente gobernaban la parroquia de M..., tuviese motivo de reprenderlo seriamente; Luciano que poseía tantos secretos de su amo, sorprendidos a su pesar, durante, su casi intimidad con él; no pudo resistir la tentación de poner en conocimiento de la hermana de fray Angélico el robo del collar, y esta buena mujer, a quien ninguno había encargado la reserva, hizo referencia de ello a sus comadres del mercado.

A los dos días de sucedido el hecho, este fué divulgado, y el escándalo de aquella ciudad devota e hipócrita por excelencia, llegó a su colmo.

Mil comentarios se hacían, a cual más extravagantes, atribuyéndose el robo a alguna compañía de ladrones mejicanos de la que se hablara en días anteriores.

En el mercado se comentaba el suceso de otro modo.

—¿Cómo es posible, —decía una vendedora de frutas—, que con todo el cuidado y celo de fray Angélico, haya podido suceder tal cosa?

—En realidad —dijo una mujer gruesa que parecía un jamón—: ¿Cómo puede uno creer que

haya hombres capaces de una impiedad semejante?
—Y luego—; ¿no estaba el templo guardado por Luciano?
—Convengamos... —Dijo una vieja terciando en la conversación—. Eso es cosa del Diablo. ¿Pues quien otro podía penetrar en la iglesia estando cerrada?

En eso saltó un hombre vestido de sacerdote, con un hábito tan negro como el cuervo. Alargó el cuello como lo hace el ave de rapiña para procurar su presa y con voz nasal, como el que está acostumbrado a hablar en el púlpito; pero con una seguridad de espíritu muy natural como el que goza de ascendiente en el ánimo de su auditorio dijo:

—¡Hí... hí Sí hijas mías. El Diablo es el ladrón, el diablo es!...

Las mujeres se volvieron hacia el sacerdote, a quien reconocieron en el acto: era el mismísimo fray Angélico.

El cura de M... sabedor de que el suceso del collar, era ya del dominio público, había tomado su partido.

Reflexionó, que a los ojos de los señores canónicos del arzobispo y de la curia toda, sería juzgado como un negligente sacerdote, lo que le produciría gran responsabilidad moral. ¿Qué pensaría de aquel robo perpetrado durante el día, ya que no era dudoso que, después de cerrada la iglesia era imposible que alguno pudiese penetrar en ella, opinión que se confirmaba con la falta de huellas o fracturas en los cerrojos de las puertas. ¡Y a él le importaba mucho que su aureola conquistada en fuerza de hipocresía no se empañase; porque de su fama y su reputación de santo de ciudadanos hasta el escrúpulo; esperaba alcanzar la codiciada mitra.

Así pues; tomó, como hemos dicho, su partido, diciéndose: "de todos modos es conveniente en esta ocasión, despertar en mi humilde grey el celo y fervor religiosos un tanto entibiados, gracias a las doctrinas heréticas que han comenzado a divulgar los enemigos de la iglesia católica, que aquí, en esta República devota y privilegiada, tienen como en todas partes sus adeptos".

Y obedeciendo, quizás, a esas ideas, cuando vio que se le hacía círculo para oírlo, dijo:

—Sí, el diablo es el autor de este crimen; pero vosotros tenéis la culpa de todo... Sí, vosotros, que con vuestra falta de religiosidad, os habéis atraído la cólera celeste... vosotros que habéis creído que a los ojos de Dios, hasta el no matar, el no robar, etc., etc., y olvidáis cumplir con los deberes hacía la Santa Madre Iglesia... ¿En dónde está vuestro celo religioso? La criatura, debe adorar a su creador públicamente, a la faz del sol y en todos los instantes disponibles; no basta concentrar el pensamiento y elevarlo hacía Él; es indispensable orar públicamente, siquiera para que haya una compensación del alarde y del escándalo con que se divulgan las doctrinas pecaminosas, los principios falsos, las teorías heréticas... ¿Habéis olvidado la época aciaga en que entronizados, en nuestra patria, los enemigos de nuestra religión hacían befa de los ministros del culto; y los arrojaban de sus conventos, despojándolos de los bienes de la Santa Madre Iglesia; los expulsaban de su tierra natal y hasta insultaban a las imágenes, robaban los vasos sagrados, para beber en ellos la sangre derramada en las guerras provocadas por las fiebres, y proclamaban la libertad de cultos; el divorcio

absoluto, el matrimonio civil, el jurado, etc., etc.; y todo al grito de ¡viva Morazán!, ese impío a quien...
—Aquí respiró el cura, y elevando al cielo sus ojos, como implorando clemencia, continuó— a quien Dios haya perdonado...

Aquellas infelices escuchaban con la cabeza baja, sin osar interrumpir al pastor de almas.

—¡Es necesario —continuó el cura—. Rogar a Dios, Nuestro Señor; en todos los tonos, y en todos los momentos, hasta que apiadándose de nosotros, encontremos al ladrón de la divina reliquia de Nuestra Señora! Para alcanzar tan señalada merced, es indispensable aplacar la cólera divina con rogaciones, limosnas y penitencias extraordinarias... Y si como no es de dudar, por un milagro, encontramos el instrumento de que el diablo se ha valido para consumar el crimen; es necesario, también, descargar sobre su cabeza todo el rigor de las leyes divinas y humanas...

La muchedumbre dió un rugido que revelaba todo su odio contra el criminal desconocido.

El sacerdote se proponía continuar su mal hilvanado discurso político-religioso, observando el buen éxito que sus palabras habían producido entre aquel auditorio; cuando de improviso apareció Luciano, que abriéndose paso entre la gente, procuraba acercársele, llevando en la mano un gran pliego.

—¿Qué ocurre, Luciano? —interrogó fray Angélico.

—¡Señor: el correo de Guatemala ha traído este pliego.

El sacerdote lo tomó con avidez; apartóse de la multitud que le abrió paso con respetuoso movimiento y él leyó para sí. Cuando hubo concluido la lectura del mensaje, volviose a la muchedumbre, pálido, con los ojos al parecer arrasados en llanto y quitándose el sombrero o teja que llevaba puesta, y enarbolando aquel pliego, exclamó.

—¡Desgraciados de nosotros! ¡Oíd la sentencia que nos envía su Señoría Ilustrísima, el Arzobispo!; oíd: *Las puertas de los templos de la Antigua permanecerán cerradas, mientras no aparezca el collar de la virgen. Las campanas guardaran silencio...*

Un alarido estallando horrísono como eco de las pasiones populares por mucho tiempo contenidas, interrumpió al sacerdote.

Desde aquel momento cundió la fatal noticia dada por fray Angélico alarmándose todos los habitantes de la ciudad; ricos y pobres; viejos y jóvenes.

En todas las casas se hablaba del mismo suceso y de todos los círculos sociales salían comisionados para dirigirse a la parroquia y al cura de M..., y enterarse bien de lo ocurrido.

El clero regular se reunió y celebró consejo.

Hubo cabildo abierto, acordado por el ayuntamiento.

Jamás se había dado escándalo semejante.

CAPITULO XII

Como lo anunciara fray Angélico las puertas del templo de M... se habían cerrado para los fieles y solamente se abrieron para dar paso a una magnífica procesión organizada de acuerdo con el sacerdote por lo más granado y selecto de la sociedad.

Sacóse a la virgen de su camarín, se la vistió con un nuevo y magnifico manto y colocada sobre una anda revestida con una tela de seda y oro, se la llevó en hombros.

Cubríanla de los rayos del sol un pálio de terciopelo carmesí con borlas de oro y varas de plata que sostenían elegantes caballeros de lo mas distinguido de la ciudad.

Ocho bellas señoritas vestidas de blanco, sostenían sobre sus hombros el anda de la imagen y un cortejo como de veinte con el mismo traje marchaba a su alrededor para sustituir a aquellas que se sintiesen fatigadas. Precedía a nuestra Señora una valla de sacerdotes investidos con sus ricos ornamentos, entre los que descollaban por su figura singular algunos frailes capuchinos de luenga barba, con sus trajes de lana color de café, tan modestos como serios, y sus pies desnudos sobre pobres sandalias.

Cada uno de aquellos sacerdotes, llevaba un libro en la mano y rezaban en voz alta las letanías al mismo tiempo que el pueblo.

En medio de la valla, marchaba una fila de ángeles como la virgen, conducidos en hombros.

Iban varias cofradías, representadas por sus mayordomos y demás dignidades, llevando sus santos y santas y recorrían la calle *terceros*, legos y sacristanes, implorando de la multitud limosnas consistentes que depositaban en alcancillas portátiles.

Un poco delante de nuestra Señora, formándole una guardia de honor, marchaba en cuerpo el Ayuntamiento, precedido por el Alcalde 1° quien llevaba el guión con visible orgullo.

Pero lo que más llamaba la atención del pueblo, era el número de penitentes que por todas partes se hacían notar.

Entre ellos marchaba un hombre ya viejo, de rostro demacrado, con las espaldas completamente desnudas y encorvadas por el peso de los años, a paso lento, y la cabeza baja; y atrás de él dos robustos mozos empuñando cada uno gruesa correa o disciplina, con la cual a cortos intervalos flagelaban al fanático, quien no levantaba la cabeza ni lanzaba siquiera un gemido; pero se le oía murmurar: "sea por el amor de Dios y porque aparezca el collar de nuestra Señora."

Un joven moreno y robusto cargaba una enorme piedra, cuyo peso le hacía sudar copiosamente; otro llevaba enrollada a la cintura una gruesa cadena a cuyo extremo estaba atado un gran tronco o madero cuyo peso le hacía difícil de arrastrar; otros menos piadosos llevaban cruces sobre los hombros.

Quien ostentaba en sus brazos y muslos desvestidos, cilicios metálicos erizados de púas de acero que hacían brotar la sangre; algunos niños de ambos sexos, disfrazados de jesuces, con la frente pintorreteada de carmín y las sienes coronadas de ramas de naranjo, marchaban asidos de las manos de sus padres, jadeantes, sofocados, casi ahogándose entre la multitud apiñada y compacta.

Y el pueblo contemplaba con religioso respeto

aquellas manifestaciones de piedad extraordinarias, abriendo paso a los penitentes que iban y venían cubiertos con la aureola luminosa del martirio.

Al pasar la procesión por las principales calles de la ciudad, todas las ventanas se abrían y se arrojaban al suelo ramos de flores que formaban bellísima alfombra.

Un poco antes de llegar a la catedral, pudo observarse que la gente se apiñaba produciendo un desorden cuya causa todo el mundo quería saber y que en vano se esforzaban legos y sacristanes en reprimir.

Para explicarnos el motivo de semejante desorden, permítasenos retrocaer un tanto nuestra relación.

Chiquirín, a quien encantaban las procesiones por lo mucho que en ellas solía divertirse, formaba parte del cortejo y se entretenía en la tarea más traviesa y singular.

Provisto de una aguja de zapatero y de fuerte hilo de cáñamo cosía las enaguas y pañolones de las piadosas mujeres, unas a otras, y atando de esta manera a dos y hasta tres, se retiraba disimuladamente a contemplar los resultados de su fechoría.

Cuando la ola humana, impetuosa se movía, aquellas pobres gentes así atadas e impelidas en opuestas direcciones, eran por fin postradas en tierra y victimas de las pisadas de la muchedumbre. Resonaban entonces gritos de dolor y de rabia, mezclados con las alegres carcajadas de los chicos.

Chiquirín había unido el hábito de uno de los legos que pedían limosna, al pañolón de una señora de alto coturno. En los momentos en que esta daba un paso para subir las gradas de la Catedral el limosnero se sintió fuertemente atraído por la espalda, hizo un movimiento instintivo hacia adelante y la dama cayó al suelo, arrastrándole sobre sí, y la alcancía que llevaba el lego desprendióse de sus manos.

Chiquirín que todo lo había previsto, salto sobre aquel mueble que cubrió con su levitón y abriéndose paso con los codos, recibiendo puntapiés y empellones, de los que poco caso hiciera, logró ponerse a salvo y huyó para su cueva, entre tanto que la dama era objeto de la hilaridad pública, pues en la caída se había desprendido de su cabeza, la hermosa peluca de rizos negros, poniendo así, en exhibición, su calvicie y el secreto, al cual debía en gran parte sus amorosas conquistas.

Después de algunas horas, volvió la procesión al templo de M. de donde en fuerza de trabajo y de elocuencia logró fray Angélico que saliese el pueblo para quien debía permanecer cerrada la casa de Dios mientras no se recobrase el supradicho collar, según el mandato del Arzobispo.

CAPITULO XIII

No se cae tan fácilmente en el fango del crimen, como pudiera creerse, cuando se ha observado durante la vida una conducta ejemplar.

A él pueden conducir muchas causas, en momentos de extravío de la imaginación; pero tan pronto como se reflexiona con serenidad, se sienten todos los dolores del remordimiento.

Tal sucedía a Edmundo, quien la misma noche en que llevó a cabo el robo de las alhajas, comenzó a arrepentirse de su hecho.

Había aceptado de los buenos vecinos un pobre lecho, en una especie de buhardilla, así como el frugal alimento que ellos cotidianamente le regalaban, pero ni dormía tranquilo ni gozaba de apetencia.

Por más que aquellas honradas gentes le atraían con dulzura, él se presentaba esquivo, taciturno, absorto siempre en sus pensamientos y huyendo de toda expansión. Era que creía que su delito, se hallaba como vulgarmente se dice, grabado en la frente; era que la conciencia, ese juez más acertado e implacable que los hombres, le llamaba continuamente *ladrón*.

No obstante, como no había robado por el placer de hacerlo, pensaba de continuo en llevar adelante el fin que se propusiera.

Había delinquido por salvar la vida de su madre, era pues necesario, realizar su objeto.

¿Más de qué medio podía valerse para vender las joyas robadas?

Él no tendría valor para ofrecerlas en venta, ni aún siquiera para comunicar su crimen a Margarita. ¿Qué debía hacer, entonces?

Necesitaba un cómplice, ¿pero a quién buscaría para desempeñar semejante papel?

¡Ah! Su amigo Chiquirín, era el único que podría ayudarle en tal empresa.

Pero resolvió esperar unos días más para comunicarle a aquél su pensamiento, por temor que estando tan reciente el hecho, fuese más fácilmente descubierto y más difícil realizar las perlas entre los artesanos que, como era natural, estaban sobre aviso.

Entretanto llegó el domingo para él tan deseado, puesto que ese día era permitido visitar a los enfermos del Hospital.

A eso de las doce se dirigió a San Lázaro, y sin ningún obstáculo penetró en el interior, lo mismo que otras muchas personas pobres.

Edmundo, aunque vestido pobremente, bien se conocía que no formaba parte de lo que se llamaba *pueblo*, sino de una clase más alta de la sociedad; la clase media, o decente.

Tanto por esta circunstancia, como por su aire distinguido, sus afables maneras y su interesante y simpática fisionomía, era natural que en el acto llamase la atención de los visitantes.

La Hermana Contralora, con amable sonrisa le indicó el salón en donde habían colocado a Margarita y el número 3 del lugar que ocupaba; así como el joven, orientado de antemano, se dirigió sin vacilar a donde se hallaba su madre.

Después de recorrer un largo salón, en medio de dos filas de camas ocupadas por enfermos de todas clases, con aquella repugnancia que inspira la presencia de los hospitales, llegó el joven al extremo de la sala y penetró por una ancha puerta de reja, al interior de un aposento amplio y ventilado, pero mucho más reducido y que solamente contenía seis camas, y de ellas, una ocupada. Debía ser el numero 3.

Edmundo se dirigió a ella, pero se detuvo al ver que Margarita no estaba sola.

Cerca de la cabecera, sentada en una silla, dando las espaldas a la puerta por donde había entrado Edmundo, hallábase una mujer.

Sobre sus espaldas ondeaba una magnifica cabellera, poblada y tan rubia que parecía cubierta de polvo de oro.

En los momentos en que Edmundo la percibió, no pudo menos que tomarla por alguna enfermera, ya que su traje estaba demostrando que no pertenecía a las hijas de San Vicente de Paul.

Pasados los primeros instantes de perplejidad, el joven avanzó hacia el lecho que ocupaba Margarita; pero escuchados sus pasos por la desconocida, ésta se puso de pie y se volvió hacia Edmundo, quien no pudo contener un grito de sorpresa.

¿Cómo no había de sorprenderse al reconocer a la linda joven del medallón, la que ocupaba su pensamiento y embarazaba su espíritu?

Amelia y Edmundo se saludaron ceremoniosamente. En seguida ella preguntó:

—¿Busca usted a algún enfermo?

—Sí, señorita, vengo a ver a mi madre.

—¡Ah! ¿es la madre de usted esta señora?

—Sí, mi madre.

—Entonces debo advertir a usted que es necesario no cometer una imprudencia. El doctor ha ordenado que por ahora no se le hable, y que cuando despierte del sueño en que se haya sumergida, por efecto de un narcótico, no se le cause la menor impresión. Ya ve usted señor que es necesario mucha prudencia... anoche estuvo delirando y llamaba con ansia a su Edmundo, que supongo que es usted.

—Sí, señorita —respondió el joven encantado.

Ella sonrió dulcemente y él contempló por breves segundos el rostro pálido de su madre, y se apartó del lecho.

—Vamos, vamos, señor —dijo Amelia con amabilidad—, esta señora se encuentra completamente a mi cuidado, de manera que si no se evita la presencia de usted, su emoción al verle puede ser, de consecuencias fatales para su salud, y yo tendría de ello la culpa. Sígame usted, pues, que de lejos podemos hablar más tranquilamente.

La joven se dirigió al último extremo del salón, sentóse sobre un lecho vacío y cubierto con sabanas tan blancas como la nieve, e indicó una silla a Edmundo.

Estaban enfrente el uno del otro...

—No esperaba usted, sin duda, encontrarme en este sitio... dijo ella.

—Ciertamente que no; ¿podría haber imaginado siquiera yo que me estuviese deparada tanta dicha?

—La enfermedad de su mamá le habrá causado mucha pena, —respondió Amelia, eludiendo contestar directamente—. Pero tenga usted, esperanza; he oído decir a los doctores que la señora se halla fuera de riesgo...

—Dios quiera que así sea. —Respondió el joven con una mirada de gratitud inmensa.

La conversación tenía que ser embarazosa, y giró sobre diversos asuntos que ninguna relación tenía con ellos.

Pero Edmundo, que ardía en deseos de saber la

causa por que se encontraba allí la joven, la reanudó en estos términos:

—Me habían asegurado que no era permitido visitar a los enfermos más que por sus parientes; ¿cómo pudo usted, pues, encontrarse aquí anoche?

—Sucede que para nosotras, que pertenecemos a cierta asociación religiosa, no existe esa prohibición. Además, ahora hay una causa extraordinaria.

—¿Y es esa circunstancia extraordinaria a la que debe mi madre el ser asistida por usted?

—Ciertamente: figúrese usted que se trata de realizar un milagro: un milagro muy grande... Ya sabrá usted que se ha cometido un robo sacrílego de las alhajas de Nuestra Señora de las Mercedes y que, mientras no sean encontradas y devueltas a la Santísima Virgen, los templos tienen que permanecer cerrados; nuestro Amo no se dejará ver, ni habrá misa, ni sonarán las campanas. Con tal motivo se han organizado procesiones y rogativas, penitencias y limosnas para los conventos; pero algunas de mis amigas y yo nos dijimos: es necesario desagraviar a Dios con obras más prácticas y piadosas, y convenimos en que cada una de nosotras vendría a cuidar a los enfermos durante tres días y tres noches, hasta que el milagro se realice, como debe realizarse... A mí me ha tocado en suerte ser la primera, y por eso me ve usted, aquí cumpliendo como puedo, con mi deber.

—Lo que no esperaba —agregó la joven con encantadora sonrisa—, era encontrar aquí a su mamá para darme el gusto de demostrar mi gratitud hacia usted por el inmenso servicio que le debo.

—¡Ah! No hable usted de eso —dijo Edmundo—. Lo que yo hice en la ocasión a la que usted alude fue cumplir con mi deber, y de ello estoy suficientemente recompensado con la dicha de conocerla y con los servicios tan generosamente prestados a mi madre…

—¿No le parece a usted —repuso Amelia, entrando de lleno en el terreno que Edmundo deseaba abordar— que hay algo de providencial en todo lo que nos sucede? En primer lugar la llegada de usted tan a tiempo, sin la cual yo habría sido victima de los bandidos… luego, nuestra reunión en este sitio y en tan extraordinarias circunstancias…

—Ciertamente —respondió el joven—, yo veo en todo esto la mano del destino…

—Ahora bien: ¿de que medios se valió? Lo que usted llama destino y yo providencia, para que usted llegara a salvarme? Eso sí que no me lo explico…

El joven refirió entonces con lealtad y sencillez su encuentro con Chiquirín, la lectura de la carta, sus proyectos para frustrar el plan de los bandidos, y todo cuanto saben nuestros lectores, ocultando solamente su estancia en la bóveda y todos aquellos detalles que pudieran perjudicar su honra.

—Veo —dijo Amelia, con marcada alegría—, que estaba usted muy lejos de tener relaciones con aquellos miserables. Cuando he reflexionado en lo noble y generoso de su conducta, no he podido menos de pensarlo así. A mi vez debo explicar a usted por qué razón me encontraba en aquella casa, para que no me juzgue una muchacha imprudente. Ha de saber usted, Edmundo, que yo tengo la costumbre de adornar con flores el altar de la Virgen todos los sábados, por lo que, desde el viernes, procuro comprar las que se puede… aquel día, engañada por Rafaela a quien no creía tan mala, fui con ese objeto a casa de los bandidos… ya ve usted eso es todo.

Aquella especie de satisfacción dada por Amelia

a Edmundo, le demostraba su interés por él; y lleno de alegría y de felicidad, olvidándose de quién era y del crimen que lo hacía indigno de la joven, dijo:

—Amelia... creo de mi deber comunicar a usted... desde aquella tarde no he podido tener paz ni reposo... la imagen de usted, impresa en mi corazón, lo ha colmado de alegría al mismo tiempo que de tristeza...

—¡Ah! de tristeza ¿y por qué?

—Porque soy un miserable, indigno de amarla...

—¡Qué dice usted! —respondió la joven—, ¡miserable el que me ha salvado la vida!...

—¡Si usted supiera!...

—Vamos Edmundo... hablemos de otra cosa... ¿Qué hizo Ud., el medallón?...

—Aquí está —respondió, llevándose la mano al cuello.

—Permítamelo usted... quiero verlo...

Edmundo se lo quitó y la joven, tomándolo con respeto dijo:

—Era de mi madre... perdone que le de un último beso...

Y lo llevó con fervor a sus labios.

En tales momentos la joven estaba radiante de belleza, con una expresión de ternura y de pesar que la hacían aun más interesante.

—Sí, —repitió— ...es recuerdo de mi madre...

Y de sus azules ojos como el cielo, brotaron lágrimas.

Edmundo que la contemplaba en silencio, impelido por una fuerza irresistible, tomó con las suyas una de las manos de Amelia y la estrecho con indecible ternura. Ella permaneció sin retirarla durante algunos segundos; pero interrumpidos por las pisadas de una hermana, se pusieron de pie y se dirigieron hacia ella.

En seguida llegó Anselma, a quien se había permitido que quedase en el establecimiento para cuidar de Margarita; y a sus instancias, así como a los ruegos de Amelia y mandato de la Hermana de la Caridad, salió el joven sin hablar a su madre por estarle prohibido, como ya hemos dicho.

Al salir, se dijo: "¡oh! Madre, cuando despiertes de tu sueño en este mundo o en el cielo, sabrás, ¡cruel dolor! Que tu hijo ya no es digno de ti…"

Habíase operado en el corazón de Edmundo una completa reacción en el sentido del honor y de la virtud, y tan súbito cambio era debido, principalmente, a la joven desconocida, cuyos ojos parecían decirle "vuelve, vuelve al sendero del bien, si quieres ser amado".

CAPITULO XIV

Era la oración de la noche cuando Edmundo, sin vacilar, tomó el camino de la iglesia de M...

En su alma aún bramaba la tormenta despertada por los remordimientos más atroces.

Pero estaba resuelto a reparar en el acto el mal que había causado, con la esperanza de despertar en su madre y en su amada la compasión y el aprecio que había perdido.

Reflexionó con alguna calma después de haber andado las dos terceras partes del camino, y recordando que los sacerdotes no pueden violar el secreto de la penitencia, optó por el medio de confesarse.

Así podía lograr su objeto sin ser conducido a la cárcel y juzgado como criminal.

Ni su madre ni Amelia sabrían nunca nada, y él se rehabilitaría observando en lo sucedido una conducta intachable.

En una esquina encontró a un sereno que, cubierto con su negra capa, dormía recostado a un poste.

Edmundo hizo al guardián del orden público algunas preguntas que éste respondió con voz soñolienta, y sin vacilar continuó su camino.

A la derecha de la iglesia de M... estaba la casa del cura.

El joven se dirigió a ella; tocó suavemente y la puerta se abrió.

Un sirviente lo saludó.

Edmundo preguntó por el señor cura, cuyo nombre ignoraba y a quien jamás había visto.

Difícil le fue hacerse llevar a la presencia del

sacerdote, quien creyendo que se le buscaba para dar a suministrar un auxilio rehusaba recibirle. Al fin se le introdujo en su gabinete donde, a la pálida luz de una lámpara y sentado en un mullido sillón, se hallaba su señoría.

Fray Angélico dirigió al joven una mirada de reojo, sin moverse de su asiento; e hizo un gesto, casi imperceptible, que traducido al lenguaje vulgar quería decir: "es un cualquiera".

Edmundo, por su parte, permaneció de pie, a respetuosa distancia, con los brazos cruzados, la cabeza inclinada sobre el pecho, esperando que se le interrogara.

Fray Angélico abrió la boca sin levantarse, ni siquiera volver hacia el joven los ojos.

—¿Qué deseas? —Preguntó con voz afable y gangosa.

—Señor —respondió Edmundo humildemente—. Vengo a hacer a Ud., una confesión.

—¿Quieres confesarte; eh?

—Sí...

El cura se levantó, dirigió al joven una mirada escrutadora y dijo:

—¿Estás acaso en peligro de muerte? Tú que pareces joven y robusto vienes a estas horas a buscar quien te confiese? ¡Vete, vete —agregó irritado—; puedes volver otro día...

—Señor —dijo el joven juntando las manos—. No me despida usted, necesito confiarle mi secreto.

—¡Tus secretos! ¡Buena la hora! Ignoras que no me pertenezco, que estoy consagrado a mis fieles y que en estos momentos me ocupo de escribir un sermón con motivo del robo del collar...

—Precisamente por eso he venido, —le interrumpió

Edmundo.

—¿Cómo? ¿Qué dices? —Exclamó el cura—. ¿Sabes algo acaso?

—Sí; pero para confiarlo a usted es necesario que me confiese.

—¡Ah! ¿Quieres que sea bajo el secreto de la confesión?

—Si, señor...

—Ven, hijo mío... cerremos la puerta... amortigua la luz de esa lámpara... muy bien; ya estaremos ante el tribunal de la penitencia... arrodíllate...

El joven obedeció y después el consabido "yo pecador..." refirió su delito, sintiendo que se descansaba de un enorme peso.

—¿Pero que causas —dijo fray Angélico—, pudieron determinarte a cometer tan horrible crimen?

—¡Ah! Figuraos señor que habíamos caminado como cien leguas, de San Salvador aquí, con el objeto de cobrar un legado de 5,000 onzas con que me favoreciera el padre Félix Treviño, mi protector, cuando mi madre cayó enferma y sin recursos para subsistir; el dinero no pudo cobrarse porque los documentos carecían de algunos requisitos y fue necesario enviarlos a la otra República. En vano busqué un empleo, en vano solicitó mi madre la protección de un antiguo amigo, nada pudimos conseguir. Para colmo de desventura, nos arrojaron de la casa que habitábamos y llevaron a mi madre al hospital. Entonces, desesperado, robé, robé para salvarla... ¡oh padre!... padre mío perdonadme; he sido culpable... pero muy desgraciado también.

Fray Angélico estaba asombrado. Cuando menos lo pensaba, en los momentos mismos en que reflexionaba acerca de su impotencia para encontrar las huellas del crimen, se le ponía delante el criminal, le confesaba su delito y le pedía su perdón.

No le cabía duda de que este era uno de esos señalados milagros que solía hacer Nuestro Señor por medio de su humilde siervo, es decir, por medio de fray Angélico.

Y en el fondo de aquella alma se irguió la vanidad, terrible como todas las malas pasiones.

Él, el humilde, el santo, el manso, tenía entre sus manos lo que toda una autoridad civil y militar, con su séquito de empleados y sirvientes, no había podido obtener.

Pero su triunfo no era completo.

Convenía a los intereses de su fe cristiana hacerlo más ruidoso, más patente, por decirlo así; convenía a la iglesia, y sobre todo a él, que el pueblo viese en aquel desenlace extraordinario, los prodigios de que era capaz un sacerdote tan santo como fray Angélico.

Por otra parte, aquel joven había hablado de un depositario de su fortuna; y él, fray Angélico, adeudaba muchas sumas, depositadas en sus manos, rebeldes a devolver lo ajeno.....

El hipócrita, había concebido un plan y debía ponerlo en práctica en el acto.

—Hijo mío, dijo, tu crimen es extraordinario. Has ofendido a Dios en su propia morada; has robado sin que pueda servirte de disculpa la necesidad; y el hombre honrado debe antes morir de hambre que violar el derecho ajeno, ¿Qué diré cuando ese derecho pertenece a la divinidad? Y no sólo has ofendido la moral, has violado también, has infringido las leyes penales y te has hecho acreedor al castigo de Dios y de los hombres. A nombre de Dios, yo puedo absolverte, y te absuelvo, pero si la autoridad descubriese tu delito, no podría hacer otro tanto. ¿Has reflexionado ya acerca de las consecuencias?

—Si, padre, he reflexionado mucho acerca de mi situación; he pensado con horror en la enormidad de mi crimen; he comenzado a sentir los martirios del remordimiento, y no he estado tranquilo si no hasta este momento en que me he confesado a usted con la esperanza de obtener su perdón.

—Esta bien; tu remordimiento puede ser sincero y Dios lo tomará en cuenta; pero ¿has pensado lo que hará de ti la autoridad común ordinaria? ¿has reflexionado la pena que te impondría?

—Si, he pensado en ello y por eso he venido aquí... la sola suposición de ser conducido a una cárcel me hace estremecer, no tanto por los sufrimientos que tendría que soportar, todo lo llevaría con paciencia, como porque mi madre se moriría de vergüenza. Y aun cuando no la matase el dolor de verme arrastrando una cadena, perecerá de hambre, de desolación y de abandono. He reflexionado, pues, sobre todo eso, y he confiado en la generosidad de usted, que guardará mi secreto, que me perdonará, puesto que he tenido el valor de traerle íntegro el collar.......

El joven sacó de su bolsillo la alhaja y la puso delante del sacerdote.

Éste alargó las manos; pero en el acto se detuvo, exclamando.

—¡No, jamás! No debo tocarla: sería hacerme cómplice. Tú la robaste, pues restitúyela a su dueño. Si yo la tomara, tú expiación no sería completa. Has tenido valor para arrancarla del cuello sagrado de nuestra Señora. ¿Por qué no lo tienes para devolvérselo a ella misma? Es claro que yo no te entregaré a la autoridad, puesto que no me es permitido revelar los secretos que me confían durante la confesión; pero tampoco puedo ser depositario del cuerpo de tu delito. Figúrate que alguna lengua maldiciente dijese que yo había tomado el collar; que lo había robado u ocultado; ¿qué sería de mi reputación? ¿cómo podría probar a los ojos del mundo la verdad? ¿y quieres tú, pecador infortunado, que sea yo la víctima inmolada en aras de tu libertad?

—No, padre mío, no; pero ¿qué puedo hacer? Aconséjeme usted, yo haré ciegamente lo que me indique.

—No es a mí, si no a ti a quien corresponde decidir lo que debes hacer... reflexiona; piensa, consulta tu conciencia... entre tanto, yo vuelvo pronto... necesito salir... te dejo sólo; delante de ese Cristo que ves allí... Él te iluminará... ya vuelvo... hijo... la soledad es la buena consejera... si tu remordimiento es verdadero, haz tu deber; si no, allí te dejo abierta la puerta, puedes huir, llevarte la alhaja robada. No volver jamás a acordarte de este humilde sacerdote... te dejo en libertad. Los dos caminos los tienes delante: el del bien y el del mal... dije...

Y fray Angélico salió del gabinete, dejando abierta la puerta.

Edmundo quedó solo, con el collar de la virgen en las manos, delante de la imagen de Cristo, iluminada por la triste y mortecina claridad de la lámpara de aceite...

—Ábreme la puerta de la calle.

El criado sin vacilar se puso de pie y se dirigió a la puerta; pero Edmundo se detuvo... había intentado convencerse de que estaba libre; y lo estaba realmente. Luego el sacerdote, digno representante de Cristo le había dicho la verdad: "te dejo abierta la puerta: puedes salir y llevarte la alhaja robada. Elige, entre los dos caminos: el del bien y el del mal". Todo era cierto, no podía ser de otro modo: aquel hombre virtuoso, aquel varón santo, pastor de almas, le había dejado hacer su voluntad, ¿Qué podría temer de él? Nada. Edmundo retrocedió: colocóse en el puesto en donde le había dejado fray Angélico y se dijo: sería una verdadera infamia el huir como un miserable, después de haber venido porque me obligaba el remordimiento. Este santo varón no es capaz de venderme. ¿Acaso no me ha dejado en libertad de hacer lo que quiera? Yo puedo salir y dejar aquí el collar; pero esta acción sería indigna. No me justificaría de nada... Él me ha recibido bondadosamente; pudo lanzarme a un presidio y no lo ha hecho. ¡Y... yo, que osé dudar de su bondad!... el joven entró en profunda meditación...

Habrían transcurrido 15 minutos, cuando volvió fray Angélico.

Al ver a Edmundo en tanto recogimiento, sacándolo de su abstracción le dijo:

—¿Qué has resuelto?

—¡Ah! He resuelto lo mismo. Entregaros esta joya y partir...

—¡Entregármela! Eso no puede ser. Tu obligación es colocarla en donde la tomaste.

—¡Lo haré, padre mío!

—Sólo así, estará satisfecha su Divina Majestad...

—Sí, condúzcame usted.

—Vamos a la iglesia...

—Vamos...

—Llevarás el collar y lo pondrás a los pies de la virgen.

—Sí...
—Después, estarás rehabilitado...
—Sí.

El cura de M..., negro como la noche, horrible como la imagen del pecado, implacable como los remordimientos, sereno como las tumbas, frío como los cadáveres, pero activo como el genio de la fatalidad, tomó al joven de la mano, y lo condujo a la sacristía y de allí al templo.

En la nave principal de la iglesia de M... ardía una lámpara; su débil claridad no servía sino para abultar las sombras de los personajes que habían penetrado. El olor a trébol, turbaba los sentidos y producía el efecto de un suave narcótico... El silencio, tan profundo como espantoso, asemejábase al silencio de una tumba. Los pasos de los dos hombres resonaban de modo lúgubre. Edmundo febril por el anhelo de cumplir su compromiso, tan de acuerdo con su deseo, marchaba con paso seguro y pausado. El sacerdote dejaba vagar en sus labios una sonrisa semejante a la del seductor que cree tener en sus manos la suerte de su anhelada víctima.

Llegaron enfrente del altar y Edmundo colocó la alhaja a sus pies de la Virgen, murmurando una oración.

En tales momentos sintió el joven que lo asían por los brazos y por el cuello, se apoderó de el una aflicción espantosa, y sin fuerza para hacer resistencia, dejóse caer pesadamente, exánime y casi sin sentido.

¡El cura miserable le había entregado a los agentes de la autoridad, y se decía sonriendo "*caído en el garlito*, hi... hi... hi...!

Entraba en los planes del sacerdote el que no se supiese pronto la captura de Edmundo, por lo que dio orden para que no se le condujese a la cárcel; pero como era indispensable asegurarlo, lo introdujeron en la bóveda subterránea que había bajo la nave principal.

Allí quedó el joven tan imposibilitado para huir como en una bartolina.

CAPITULO XV

Conviene hacer algunas explicaciones para mejor comprensión de la escena que hemos descrito en el capítulo anterior.

Mientras Edmundo permanecía solo en la habitación de fray Angélico, éste, que había concebido el pensamiento de entregarlo a la autoridad, mandó llamar a dos gendarmes, y dio instrucciones a dos mozos que estaban a sus servicio, para que ocultándose en el interior de la iglesia, cayesen sobre el hombre que, acompañado de él, debía llegar momentos después, en el instante en que se arrodillase ante el altar mayor.

Los gendarmes y sirvientes del cura debían ser, como lo fueron, simples ejecutores de la captura de Edmundo, a quien no conocían.

El sacerdote sólo les dijo después que el joven era el autor del robo del collar y sin darles otras explicaciones les encargó la custodia del reo, ordenándoles guardar acerca del acontecimiento la mayor reserva.

Hecha esta aclaración, sigamos adelante.

Tan luego como el cura llegó a su casa se encerró en su biblioteca, y bajando de los anaqueles unos legajos de expedientes viejos y apolillados, comenzó a removerlos como quien busca algo.

Dió al fin con un cuaderno y comenzó a hojearlo.

—Aquí esta —se dijo—, la partida a mi cargo de 5,000 onzas e intereses al 6%, a favor del Padre Félix Treviño de El Salvador: es la única que encuentro apuntada de esa suma.

El cura cavilaba de este modo... ese joven viene de El Salvador a cobrar 5,000 onzas que le debe un depositario de la Antigua, legado el padre Félix Treviño, luego ese dinero es el que adeudo y que reza esta partida. ¡Ah! y ¿Treviño habrá vendido o cedido mi letra, después que me ofreció varias veces donarme la deuda? Es lo probable, porque hace algún tiempo no me escribe y nuestras relaciones se han enfriado. ¡Pero yo no puedo pagar ese dinero... no... no puedo... ¡Ah! y ¿quien me lo cobrará, entrando el acreedor preso por robo sacrílego?...

El sacerdote sonrióse del modo particular con que acostumbraba hacerlo, y agregó para sí... "Por muchos motivos es indispensable que ese joven sea condenado... Voy a casa de Mendívar..."

Aquella misma noche combinaron ambos un plan seguro para perder a Edmundo.

El cura lograba por ese medio: primero, que se considerasen en la Curia sus servicios prestados a la iglesia, como meritorias acciones, dignas de recompensa; segundo, evitar el pago de las 5,000 onzas que adeudaba. Quedarían, pues, satisfechas su vanidad de sacerdote y su avaricia, las dos pasiones que le dominaban principalmente.

En cuanto al juez, era natural que aprovechase aquella oportunidad para dar a conocer en la instrucción de un proceso célebre, la actividad, celo y rectitud que debían contribuir a elevarlo a la deseada magistratura.

Además, tenía el funcionario el deseo de purgar a su departamento de las numerosas cuadrillas de ladrones y asesinos que merodeaban impunemente, por falta de policía, y que mantenían las ciudades y poblaciones en justa y contínua alarma.

Proponíase, pues, hacer un provechoso escarmiento en la persona de los bandidos recién capturados y sobre todo en la de Edmundo, quien era a sus ojos el más criminal; pero tropezaba con las dificultades de reunir datos y elementos suficientes para obtener una prueba plena de la culpabilidad de los reos. Y entonces pensó que era conveniente, durante los primeros días, instruir todo el sumario y en él sentar las bases de esa prueba indestructible que se necesitaba.

—Ya me ayudará *Pongón* —se dijo—; éste es un muchacho hábil y experimentado en tales asuntos y no le faltarán testigos, pruebas... ¡ea!.. ¡Qué diablo! No hay que vacilar, que "el fin justifica los medios", como diría fray Angélico.

Y en el acto mandó llamar al espía de ese apodo, jefe a la sazón de los gendarmes, capitán y esbirro a un tiempo, muy conocido en aquella época, y tan odiado que hasta la fecha se le recuerda con horror; dióle sus instrucciones y esperó el día siguiente para abrir el proceso.

CAPITULO XVI

Las campanas, esas lenguas de bronce que sirven de medios de comunicación entre la iglesia y los fieles, para comunicarles los acontecimientos tristes o gratos; las campanas, esos instrumentos más formidables que los cañones de los ejércitos, por la influencia que ellas ejercen en el mundo católico, puesto que son el portavoz de la voluntad del más soberano y absoluto de los poderes; las campanas, decimos, habían permanecido mudas en virtud de la órdenes comunicadas por el Arzobispo a fray Angélico.

Y ese silencio significativo era una causa de duelo para los devotos habitantes de la Antigua.

Ya no saludaban ellas el despertar del día con sus alegres y armoniosos repiques, no llamaban a misa ni doblaban por el alma de los difuntos...

Las puertas del templo de M. sólo se habían abierto durante la procesión.

Después habían estado cerradas, y los devotos del barrio, en vano acudieron a todas horas implorando del cura que hiciera cesar aquella desolación y pesadumbre en que se hallaban sumergidos.

Creían estas cándidas y sencillas gentes que pesaba sobre ellas una excomunión general, y esperaban que cayesen sobre sus cabezas algunas calamidades espantosas.

Hablábase del terremoto de 1773[2] que motivó la ruina de la capital y su traslación al "Valle de la Ermita"; y se pronosticaba otro aún más horroroso y de incalculables y fatales consecuencias.

---

2 Llamado de Santa Marta.

Los atribulados habitantes de la ciudad, no se recogían sino después de haber rezado *el rosario, el trisagio, el credo*, el *Padre Nuestro* y cuantas oraciones creían más a propósito, para aplacar la supuesta cólera celeste.

Después de las siete de la noche, aquella ciudad tan triste y melancólica, aun en los días de mayor animación, parecía un cementerio.

Pero he aquí que una noche, la siguiente a la que fuera entregado el collar, a eso de las doce, oyóse una campanada ronca, sonora, majestuosa, que hendiendo el espacio fue a despertar a los antigüeños, llevando la sorpresa al corazón de los viejos y de los jóvenes; turbando así los sueños dorados de la enamorada doncella, como los proyectos de ambición y de poder de los magnates como Mendívar.

Varias veces sonó la gran campana de la iglesia de M… de modo lento, para llamar la atención de los vecinos, y enseguida comenzó un repique general, armonioso, pausado, como la introducción de un vals, y fue progresivamente aumentando hasta convertirse en un repiquetear largo, alegre y desatinado, como la alegría que el champagne produce en las parejas que danzan sin compás, sin orden e impulsadas por los delirios del efervescente licor…

Muy pronto todas las iglesias de la ciudad unieron sus sonoras voces a las de la iglesia de M… y en todas las casas se despertaron los corazones palpitando de gozo.

Así como las abejas al toque de las campanillas salen de sus celdas y van formando enjambres, los habitantes de la Antigua iban saliendo de sus nidos para formarse en grupos varios y acudir al punto del llamado.

Los hombres cubiertos con sus *zarapes* y las mujeres con sus chales, se dirigieron a la iglesia de M...

Al desembocar en la plazoleta donde se hallaba el templo, se presentó a sus ojos un espectáculo inesperado.

Sobre las cornisas, torres y puntos más prominentes del templo se habían encendido haces de *ocote* y colocado farolillos de colores que esparcían en aquella plazuela cuadrilonga su claridad rojiza, produciendo así un maravillosos efecto en los espectadores. Parecía la iglesia un gran monstruo arrojando fuego por boca, oídos, ojos y narices.

Para colmar la alegría del pueblo, después de tres solemnes repiques, se dispararon *manojos de cohetes* que atronaron el espacio con sus detonaciones.

El templo de M... con sus grandes puertas iluminadas por farolillos diversos, se hallaba aún cerrado, sin duda porque su párroco esperaba que hubiera un número de personas bastante grande, para gozar del espectáculo que les esperaba, así como un director de teatro espera que se llene el edificio para dar orden de que se descorra el telón de boca.

Al fin se llenó de gente el atrio, y una gran parte de la plazoleta.

Todos gritaban, todos pedían que se abriesen las puertas de la iglesia.

Ninguno había sido impuesto del motivo de aquella manifestación de regocijo; pero todo el mundo lo presumía.

Abiertas las puertas de la iglesia, el gentío la invadió, llenando las tres naves.

Millares de luces iluminaban el templo y en el altar mayor se divisaba la Virgen de las Mercedes entre una profusión de luces, que por un efecto óptico, semejaban cascadas de piedras preciosas y lluvia de polvo de oro y plata.

En el cuello de la estatua relucía el magnífico collar de perlas.

Fray Angélico, vestido con sus ricas ornamentas y seguido del sacristán y de sus ayudantes o *monaguillos*, se presentó ante los espectadores.

Estaba el cura radiante de júbilo.

Sus ojitos de *mosco* brillaban con fuego intenso y en sus labios se dibujaba una sonrisa de satisfacción inmensa. Derecho como un joven, con paso firme y seguro, subió al púlpito, no para lanzar desde su altura los rayos de ira piadosa con que generalmente floreaba sus sermones, sino para participar al pueblo, lleno de emoción producida por el gozo y por el reconocimiento, el hallazgo de la joya perdida. Y en los labios de aquel sacerdote a quien santo se le juzgaba, y cuya palabra tenía una fuerza de convicción tan grande como la del Papa, brotó la gran frase, el grande y poderoso argumento, la indiscutible solución de todo lo inexplicable y de todo lo sobrenatural: ¡Milagro! Y eso sólo bastó para que el pueblo lo creyese y agregase ese nuevo suceso prodigioso a los muchos con que la Santísima Virgen había favorecido a aquella ciudad privilegiada.

No se necesitaban explicaciones de ninguna clase, ni el sacerdote estaba obligado a darlas.

Pero si creyó conveniente anunciar, como lo hizo, para completo desagravio de su parroquia, que él ladrón era extranjero, que estaba ya en lugar seguro y que pronto sería entregado a la justicia de los hombres, si bien debía implorar por humanidad para que el cielo lo perdonase.

Fray Angélico invitó a dar gracias al Ser Supremo, y secundado por más de tres mil voces, entonó la *salve*.

CAPITULO XVII

Entre tanto, Edmundo, sumergido en aquella cueva, que no era sino la entrada a las bóvedas subterráneas del templo, oía espantado y estremeciéndose a cada momento el sordo murmullo que se levantaba sobre su cabeza.

Hallábase, desde el momento de su entrada, en completa obscuridad; y durante las horas de su cautiverio, que pasaban ya de veinticuatro, solamente dos veces había escuchado una voz humana que desde la puerta del graderío le avisaba que le dejaba caer algunos panes y un cántaro de agua en una canasta, suspendida a una cuerda.

Los pensamientos más tristes y tormentosos daban trabajo a su imaginación. Él era valeroso y no creía ni en diablos ni en aparecidos; pero tenía delante la realidad de su espantosa situación.

No se le ocultó ni un momento que el cura de M... lo había traicionado: que después de ofrecerle salvarlo y de inspirarle la mayor confianza con su palabra, le había tendido aquel infame lazo, en el cual, había caído.

Y al reflexionar acerca de la conducta de ese hombre, tan indigna de un verdadero representante de Cristo, sintió arrepentirse por su flaqueza y se culpó a sí mismo por haber cedido a sus impulsos generosos; por no haber realizado el collar y huido con su madre, lejos, muy lejos, de aquella ciudad en donde sólo habían encontrado amarguras y pesares.

Empero el recuerdo de Margarita trajo también a su memoria las máximas y los honrados consejos con que ella lo había educado; y viendo clara su situación, dedujo que había hecho muy bien en devolver aquella joya robada; pero que había sido un tonto en no salir de la casa del cura cuando éste, dejándolo solo, le había invitado a partir.

Además, algunas veces lo animaba una vaga pero consoladora esperanza. El joven, en uno de esos momentos de abatimiento físico, se durmió, y su alma atribulada descansó, creyendo ver en sueños las imágenes de Margarita y de Amelia, que le sonreían.

Así duermen los niños amparados por el ángel de su guarda, y los débiles polluelos, al calor del ala protectora: que no hay un solo ser, por desventurado que se crea, que no encuentre en el sueño descanso y alivio a sus pesares, ¡y que se halle bajo la oculta pero segura protección del Infinito!..... Hacía algunas horas que dormía nuestro joven cuando se sintió asido de los brazos, y despertando violentamente abrió los ojos; pero una claridad vivísima como la de una linterna los iluminó, y de nuevo quedó sumergido en profundas tinieblas. Incorporóse, y casi al mismo tiempo oyó una voz fuerte y varonil que decía: "Si te mueves eres muerto;" y oyó los dos golpes acompasados, pero rápidos que producen las muelles de una pistola al tirar del llamador, y sintió sobre su pecho el contacto frio del cañón de acero.

Antes de que hubiese recobrado la vista se le puso una venda; le ataron de manos, y la misma voz que había escuchado, agregó: "al menor movimiento que hagas en el sentido de escaparte, a la más insignificante palabra o grito que lances, te mataré; ¿lo oyes?"

Por un sentimiento natural e instintivo, Edmundo, guardó silencio y permaneció inmóvil.

Al cabo de algunos momentos, durante los cuales

percibió un vago murmullo, como de varias personas que hablasen en voz baja, sintió que lo tomaban de nuevo por los brazos y que lo empujaban suavemente hacia adelante, diciéndole: "Camina" mandato que obedeció sin replicar.

"Me conducen a la cárcel," pensó el joven; sólo que extrañó que lo hubiesen vendado, porque no comprendía que interés pudiera tener en ocultarse a sus ojos los alguaciles entre cuyas manos se encontraba.

El aire de la bóveda era húmedo y frío, y sus corrientes atravesaban aquella especie de túnel, produciendo un silbido agudo. El pavimento era resbaladizo, como de losa, razón por la cual las piernas de Edmundo flaqueaban a cada paso.

Después de caminar como doscientas varas, Edmundo sintió que lo obligaban a subir algunas gradas y notó que el piso era más suave y pegajoso como el barro humedecido.

Ya el aire no corría con tanta precipitación, ni producía el silbido agudo y desagradable que antes.

Edmundo sintió que le quitaban la venda; abrió los ojos y vio que se encontraba en una calle sucia, sin empedrado, estrecha y llena de escombros.

Rodeábanlo quince o veinte soldados con munición azul de cotí con franjas rojas, armados de fusiles, y cuatro o cinco alguaciles, presididos por un regidor, que llevaba la insignia de la autoridad, la histórica vara de caña de Indias, con pomo de oro y borlas de seda negra.

Edmundo, no obstante su valor instintivo, se sintió oprimido al verse entre aquella escolta, cuyos individuos lo contemplaban con aire amenazador y brutal.

El sargento, hombre de largos bigotes y fisonomía dura, por cuya razón, tal vez, se le llamaba "Naranja Agria," lo vio frente a frente y le dijo:

—Oye, rapaz; si intentas fugarte, te mando al otro mundo, —y le apuntó por vía de amenaza con su fusil.

El oficial que comandaba la escolta sonrióse y no profirió una palabra para reprobar al falta de disciplina, tan desconocida en aquella época en que, según refieren los abuelos, no podía pasarse frente a un soldado sin ser víctima de las expresiones, chascarrillos y ademanes más grotescos y soeces.

Otro de aquellos hijos de Marte, viendo de frente a nuestro joven, con una sonrisa de ironía muy marcada, le dijo:

—¡Vean qué chanele...! Si parece una rata, y tan audaz; estos medios niños no manchan sus manos con la pólvora de los fusiles, pero no vacilan en robar las cosas sagradas.

Otro dijo:

—¡si parece una rana....!

—Es un tacuacín —repuso el otro—, y debe tener muchas bolsas...

—No —dijo entonces el teniente de la escolta, hombre como de 50 años, gordo panzudo, bajo de cuerpo, trigueño, sin barba, tuerto y de abultados carillos a quien llamaban, *Pongón*— ¡no, este es un *guanaco*!

—Guanaco... —exclamaron todos y sus ojos se brillaron de ira—. ¡*Guanaco*!... Con razón es un ratero. Morazán, el jefe de estos descamisados era también *guanaco*. ¡Cuando se llevó hasta el reloj de palacio de la capital, el año de 29...!

El regidor, digno miembro de la municipalidad,

escuchaba tales denuestos sin osar proferir una palabra; él sabía por experiencia los peligros de una ruptura con la soldadesca.

Edmundo por su parte también callaba, haciendo un esfuerzo sobrehumano para no lanzarse contra aquellos miserables y ahorcar a alguno de ellos; pues aun cuando estaba atado de manos era fuerte, y su indignación le daba poder bastante para hacer pedazos sus ligaduras.

Al fin el jefe de la escolta dio sus órdenes en estos marciales términos:

—¡Muchachos!, el reo al fondo, ustedes síganme por acá.

Y se pusieron en marcha.

Aun cuando la ordenanza del Marqués del Duero estaba vigente y la táctica antigua española regía en el ejército, *Pongón* despreciaba el tecnicismo militar, daba sus ordenes y dirigía las maniobras de sus soldados en el estilo vulgar que a estos tanto agradaba y que le había granjeado en parte su grande y jamás desmentida popularidad.

Serían las siete de la mañana: las calles de la ciudad se encontraban desiertas y la escolta no llamó la atención de nadie.

Llegó ésta a la cárcel, que estaba contigua al palacio o casa municipal.

La escolta penetró en un callejón estrecho, que servía de cuerpo de guardia; enseguida en un patio cuadrilongo, sucio, de altas paredes y de piso fangoso, luego en otro patio más pequeño, en cuyas paredes ennegrecidas, se percibían cinco puertas con rejas de hierro, a través de las cuales penetraba apenas una débil claridad.

En uno de esos calabozos tan estrechos, tan

húmedos, tan sucios, en donde la luz del sol no brillaba sino a cortos intervalos, por impedirlo las altas paredes del patio, hicieron entrar a nuestro joven, quien tembló de espanto al considerar la suerte que le esperaba.

Dos soldados lo tendieron en el suelo húmedo y frío, y lo pusieron a cepo, con los pies metidos en los agujeros de aquel instrumento de tortura.

Y como si no bastara aquella precaución, al retirarse los soldados y alguaciles cerraron con llaves la puerta de hierro y colocaron centinelas de vista.

El joven que había perdido la paciencia lanzó un rugido y una maldición...

CAPITULO XVIII

—¿Ha venido *Pongón*? —Preguntaba el juez Mendívar a uno de sus criados, a eso de las ocho de la mañana siguiente.

—Está en la antesala esperando a su merced, hace una media hora.

—Que pase...

—Buenos días señor juez —dijo el jefe de los gendarmes entrando en el escritorio de don Diego.

—Buenos días, *Pongón* ¿Qué hay de nuevo?

—Las ordenes de usted están cumplidas al pie de la letra.

—Bueno, así me place que se haga... ¿y el reo?

—En la cárcel y en cepo.

—¿En qué bartolina le han puesto?

—En uno de los calabozos más seguros del segundo patio, el que generalmente se emplea para encerrar a los más criminales.

—Muy bien, ninguna precaución esta demás con bandidos tan audaces y avezadados al crimen como ese.

Y luego fingiendo el juez que ignoraba cómo se había perpetrado la captura de Edmundo, agregó:

—¿Sabes cómo logró fray Angélico capturarlo?

—Sí, señor, él mismo me lo refería hará dos horas, y dice: que, con el natural cuidado que tenía después del robo del collar, hacía varias noches que ordenaba a sus sirvientes que durmieran dentro de la iglesia; éstos oyeron ruidos y descubrieron al ladrón que probablemente se había quedado oculto para apoderarse de los objetos que se le encontraron, y salir con ellos tan luego como se abrieran las puertas del templo.

—¡Es una deducción muy lógica, así se explica como ese hombre, en vez de huir con el collar o realizarlo, lo conservase en su poder para asegurar su impunidad, y llevar a cabo un segundo robo de mayor importancia, porque supongo que serán de valor los objetos que se le recogieron.

—Vaya si lo son, casi todas las alhajas de nuestra señora...

—¿Y por qué no dieron cuenta con él en el acto?

—Porque la cárcel ya no se abre después de las nueve.

—¿Y los sirvientes de fray Angélico qué dicen?

—Eso mismo, señor.

—Pero parece que dos gendarmes contribuyeron a la captura.

—Sí, los llamados *Naranjagria* y *Matamuertos*.

—¿Y qué dicen éstos?

—Refieren los hechos de igual manera que los otros testigos.

—Perfectamente, la flagrancia está comprobada.

—Cierto, y si no hubiera sido capturado en el interior de la iglesia, es seguro que mis muchachos lo habrían fusilado en el acto, pues como usted sabe, señor juez, entre las ordenes terminantes que tenemos, está la de fusilar a todo malhechor que sea aprehendido in fraganti delito de asesinato, robo en despoblado, o en cuadrilla, o en el interior de las poblaciones; y aun así, ya ve el señor juez que los bandidos no escarmientan... Estos mismos que ahora se hayan presos, asesinaron hará dos meses, en el Manzanillo, a un viajero para robarle; después, con igual objeto, ahogaron dentro de un pozo a otro, y últimamente le tendieron un laso a la señorita Amelia, hija de don Justo, del cual la salvó el capturado últimamente por haberle interesado su belleza...

—¡Ah! ¿Y hay pruebas de la complicidad de este ladrón en los anteriores crímenes?

—Como ya lo había manifestado a usted "Barbas de Oro" y sus compañeros me aseguraron que los principales de la cuadrilla andan prófugos, y me dieron la filiación y nombres de ellos: el uno se llama *Chiquirín*, es conocido por el de *Niño*, y su filiación coincide perfectamente con la que me dieron... y usted sabe, señor juez, que yo veo mejor con un ojo que muchos con dos...

—Estoy satisfecho de tu conducta, y te ofrezco que si este proceso sale bien, pediré para ti ascenso y aumento de sueldo.

—Gracias, señor juez, pero ya sabe usted que yo trabajo y me desvelo más por el deber que por el lucro.

—Cuando se sirve a la sociedad, hay derecho a ser remunerado por ella.

—Y en esta ocasión yo prometo a usted servirla con más celo y actividad que nunca.

—Vete pues y que todos los testigos estén listos a las diez... habla una vez más con "Barbas de Oro" y con sus compañeros...

—Con su permiso señor juez —dijo Pongón, inclinándose hasta el suelo, y salió.

El plan estaba combinado para perder a Edmundo, sólo faltaba ejecutarlo.

Ninguno sabía que fray Angélico lo había entregado, abusando de su ministerio, porque el sacerdote había tenido buen cuidado de ocultar la verdad, aun al mismo Mendívar, a quien refirió el hecho tal como lo dejamos consignado.

En cuanto a los sirvientes que habían capturado al joven, dada su ignorancia, era fácil que declarasen en el sentido que convenía a tales planes; y por recomendación de fray Angélico, *Pongón*, cuyo oficio de espía y de esbirro se prestaba para el caso, los había instruido perfectamente del papel que en aquella trama debían desempeñar.

Edmundo sería convicto de robo sacrílego, con la circunstancia de reincidencia, y además de complicidad en los asesinatos perpetrados por "Barbas de Oro", y no escaparía de las garras de sus jueces: ¿Quién podía salvarlo del patíbulo?

CAPITULO XIX

El proceso estuvo concluido en su parte informativa o sumaria, en menos de tres horas.

El juez había procedido con asombrosa actividad.

Las declaraciones de los testigos que habían capturado a Edmundo, probaban plenamente su delito, y el hecho de habérsele capturado *in fraganti*.

¿Cómo podría el joven defenderse?

Le era imposible, contra pruebas de antemano combinadas.

Y entre tanto, sufría horriblemente, sumergido en un calabozo, donde apenas penetraba la luz, con los pies entre los agujeros del cepo, respirando un aire infeccioso, deletéreo, sobre un suelo húmedo y frío como las tumbas.

No se daba cuenta de las horas que había permanecido en tal situación; pero parecía que habían transcurrido más de cuarenta y ocho, cuando en realidad eran menos.

Cuando menos se lo esperaba, oyó ruido de llaves, vio abrirse la puerta de la bartolina, y penetrar una escolta que comandaba *Pongón*.

—Vamos a llevarlo ante el señor juez —dijo.

En seguida libertaron al joven del cepo, pusiéronle prisiones en los pies, y lo condujeron a un extenso calabozo, en donde vio a un número considerable de reos, entre los cuales pudo reconocer en el acto, a los bandidos de la cuadrilla de "Barbas de Oro".

En medio de una escolta de veinticinco soldados y unos cuantos gendarmes, con *Pongón* a la cabeza, sacaron a Edmundo a la calle, juntamente con el jefe de malhechores y el *Curro*.

Por un instinto muy natural el joven tembló de miedo al verse entre aquellos criminales.

La cárcel no estaba lejos del juzgado; si embargo los reos tuvieron que sufrir la expectación de numeroso público que les esperaba en la calle, sabedor que iban a conducirlos al despacho del juez.

Edmundo sentía una vergüenza espantosa, y no osaba levantar del suelo los ojos por no encontrarse con las miradas curiosas e insultantes de los espectadores.

Cuando se halló frente del juez al reconocer a Mendívar, no pudo menos de estremecerse, pensando que aquel hombre podía ser su padre.

A su vez Mendívar, por el traje y la fisionomía de Edmundo a quien solo había visto una noche, como recordaran nuestros lectores, no lo pudo reconocer de momento; pero cuando le pregunto sus generales, y supo que era el hijo de Margarita, no pudo menos de estremecerse también, pensando que aquel joven a quien iba a perder irremisiblemente podía ser su hijo, como lo aseguraba aquella pobre mujer.

Pero ya era demasiado tarde para retroceder; el sistema de enjuiciamiento se prestaba como se presta hoy, para falsear los hechos y hacer que aparezca culpable el inocente, o inocente el criminal.

La prueba testimonial que es la única que conforme a nuestras leyes puede aceptarse en juicio criminal, es por su naturaleza la que más puede emplear para el logro de sus propósitos un juez malvado o la parte interesada.

Recibidas durante el secreto del sumario las declaraciones de los testigos, estos pueden impunemente falsear los hechos o apreciarlos como la maldad o la ignorancia los aconseje, seguros de que cuando el reo conozca sus deposiciones, al elevarse a plenario la causa, le será sumamente difícil, si no imposible, destruir su falso dicho.

Eso mismo debía suceder a Edmundo, cuya declaración fue prestada cuando los cuatro agentes que lo capturaron, habían declarado ya.

¿Cómo podía destruir la fuerza probatoria de cuatro testigos que unánimes declaraban haberlo encontrado *in fraganti* con el collar y las demás alhajas, dentro del templo?

Al interrogársele confesó ingenuamente el hurto del collar y negó con energía el de las otras joyas; pero careado con los testigos, éstos sostuvieron sus dichos.

Quiso explicar la manera como fue capturado, acusando a fray Angélico por la revelación del secreto que él le confiara durante la confesión; pero el juez no le dio tiempo de referirlo todo, cortándole bruscamente la palabra, y lo reprendió severamente, diciéndole que calumniaba al más virtuoso y santo de los hombres.

En fin, el proceso salió de manos del juez tal como este y Fray Angélico se propusieron.

A los tres días se elevó a plenario y se entregó la causa a un defensor nombrado de oficio. Este era un tinterillo, hermano del secretario, quien no teniendo remuneración por su trabajo defendió débilmente al encausado, de mala gana y por salir del paso, como vulgarmente se dice.

CAPITULO XX

"Era más de medianoche,
Antiguas historias cuentan..."

El reloj de palacio había dado las doce, hora en que, según las personas supersticiosas, se escapan los muertos de sus tumbas y vienen a espantar a los vivos.

El *cadejo*, la *ciguanaba* y él *sombrerón* eran los duendes nocturnos que durante la noche, recorrían la ciudad con el deseo de atrapar a las doncellas...

No había ni una sola familia que al toque de maitines no se hubiese recogido.

Las puertas, las ventanas y hasta las más pequeñas rendijas estaban cerradas herméticamente para evitar que el Diablo, tomando formas a propósito, según los casos y circunstancias, penetrase en las habitaciones de aquellas sencillas gentes.

Para hacer huir al demonio no bastaba que en cada una de las puertas y ventanas se hubiesen colocado oraciones impresas, con la insignia de Santa Cruz; no era suficiente que en los corredores y aposentos estuviera representada la corte celestial: que el rey de los infiernos y los espíritus malignos, eran capaces de introducirse por el más pequeño agujero, como se introducen los microbios en los pulmones; razón por la cual las buenas y crédulas personas de aquella época, no se acostaban sin haber rezado novenas, rosarios y letanías.

El crujido de un mueble, el susurro del viento entre las hojas de los arboles, la queja exhalada durante el sueño por alguno de la familia, el aullido de los perros, el andar cauteloso de los gatos en los tablados y tejados; en fin, los hechos más sencillos y naturales, eran producidos, según la creencia vulgar, por las animas del Purgatorio que venían al mundo en demanda de misas, responsos, limosnas, etc., etc., que acrecentaban el caudal de los párrocos y de todo el clero.

Educados nuestros mayores en el seno de la superstición y el fanatismo, creyendo en diablos y aparecidos, es natural que careciesen de la energía y valor necesarios para enfrentarse a los peligros que a menudo fragua la imaginación.

Parecía, pues, muy extraño que don Diego, quien no obstante su carácter resuelto, era también supersticioso, permaneciese despierto y levantado la noche a que nos referimos.

Hallábase sentado delante de su escritorio, leyendo a la luz de la vela, con el auxilio de sus anteojos, un voluminoso manuscrito; y consultaba al mismo tiempo algunas leyes.

Tenía a la vista el proceso de Edmundo con la sentencia ya copiada y sólo para firmarla. Y él que había contribuido a perder al joven se hallaba vacilante e indeciso, porque la conciencia lo acusaba de prevaricato, y porque la pena que debía imponerse era la muerte.

Dos cargos terribles se habían formulado al joven: el de robo sacrílego, con la circunstancia agravante de reiteración, y el de complicidad en los dos asesinatos perpetrados por *Barbas de Oro* y *el Curro*, quienes lo mismo que Rafaela le acusaban, por sugestiones de *Pongón*.

Pero lo que al juez tenía más inquieto y sobresaltado era que ese día había recibido una carta del Regente de la Suprema Corte, en la que le comunicaba que su Excelencia, el Presidente de la República, se hallaba sumamente desagradado por la tardanza en concluir el proceso: que deseaba se procediera con el mayor rigor y actividad, si no se quería que él, haciendo uso de sus facultades que se creía investido para disponer a su antojo de vidas y haciendas, dictase una disposición en que *económicamente* satisficiese en el acto la vindicta pública. Era necesario pues, fallar aquella misma noche y condenar a Edmundo a muerte.

Para corroborar lo que el Regente decía a Mendívar y para que éste no dudara un momento del estado de ánimo y de las intenciones del Capitán General, el Corregidor del departamento, amigo de don Diego, le enseñó otra carta dirigida a él por el propio Carrera, en la cual éste se mostraba enojado por su falta de vigilancia, celo y actividad, y a lo que atribuía en gran parte la perpetración tan frecuente de crímenes atroces; reprendíalo por no haber cumplido con la orden que de antemano le diera de fusilar a todo ladrón que fuese capturado *in fraganti*; y por último lo autorizaba para aplicar la *ley fuga* (que entre nosotros no existía ni existe) a los reos últimamente aprehendidos, en caso de que el juez no los condenara a la pena capital.

Tales procedimientos que pudieran calificarse de bárbaros habían sido empleados muchas veces, aunque con el laudable propósito de purgar a la sociedad de malhechores; y en Azacualpa, por ejemplo, se cometieron abusos al amparo de una orden presidencial semejante. Familias enteras, sindicadas como autoras o encubridoras de algunos robos y asesinatos, fueron reducidas a la más completa ruina y desolación, después de ver fusilar a sus jefes, incendiar sus hogares y confiscarles sus bienes.

Permítasenos condenar una vez más, con toda la energía de nuestro carácter, la oficiosa intervención del Ejecutivo en los asuntos de un orden puramente judicial, que lleva a los jueces tan lejos del camino de la imparcialidad, la rectitud y la justicia; pero también permítasenos hacer con franqueza la siguiente advertencia: no nos referimos en manera alguna a la actual administración. Por fortuna para Guatemala, con la elevación a la presidencia del General don José Ma. Reina Barrios se inició una era de libertad, a cuyo amparo las diversas ramas del poder público giran y se mueven armónicamente, dentro de la orbita de sus atribuciones, sin que hayamos tenido hasta ahora que lamentar, al menos por lo que respecta a nosotros, como magistrados, esas intervenciones que hacen temible, odiosa y despreciable la administración de justicia.

Pero reanudemos el roto hilo de nuestra narración.

La conciencia de Mendívar luchaba contra sus personales intereses y temores más o menos fundados; y cuando lucha la conciencia por llevarnos al sendero del honor y de la virtud abandonado, busca el hombre argumentos y disculpas, con los cuales acallar su voz inexorable.

Eso hacía Mendívar quien argumentaba consigo mismo de la siguiente manera: "Si no condeno a Edmundo a muerte, el Corregidor, hombre incapaz de contrariar las órdenes de su jefe, le manda fusilar bajo pretexto de que ha intentado fugarse; en este caso el reo se pierde y yo sufriré las consecuencias de la ira de su Excelencia, ira que no me atrevo a arrostrar.

"Si le condeno a muerte, quedo bien con su

Excelencia y descargo toda responsabilidad en el Tribunal que debe juzgar en última instancia, el que puede revocar su sentencia si es injusta. En este segundo caso, el reo no será mandado a asesinar y le habré salvado por tal medio la vida.

"¡Ah! no cabe duda, es lo más prudente condenarlo a muerte."

Y aquel hombre venal, cobarde y prevaricador, acallando la voz de su conciencia y desoyendo las indicaciones de la naturaleza que le advertía que aquel desventurado joven era su hijo, tomó la pluma y firmó la sentencia.

En seguida, como otro Pilatos, se arrodilló y dijo: "Dios mío, si he cometido un pecado, perdóname y has que la Corte revoque mi sentencia"; y el miserable se internó en las habitaciones inmediatas dispuesto a descansar en su mullido lecho, después de las fatigas de aquella noche.

CAPITULO XXI

Llegó entre tanto el mes de octubre sin que las lluvias se retirasen, pues desde el tres había comenzado a llover sin descanso; presagiando la falta de truenos, el aire enrarecido y la triste y aparente calma del cielo un temporal de los mas molestos y perjudiciales.

El frío era intenso y las calles se hallaban intransitables.

Chiquirín y Mimí, por esa causa, se habían encerrado bajo la bóveda en donde estaban más abrigados y a salvo de los rigores del temporal.

Ambos descansaban perezosamente sobre su jergón, después que había vuelto Mimí de comprar en el mercado las provisiones indispensables.

Los dos estaban taciturnos y preocupados.

Habló ella:

—¡Quien lo hubiera pensado! Robar Edmundo, él que es tan bueno... Sólo la miseria, a la cual no está acostumbrado, pudo obligarle...

—Si Mimí, la miseria. Pero dime ¿Cómo sabes todo eso?

—En el mercado se sabe todo; hoy cuando fui a comprar las provisiones que necesitábamos supe que su nombre iba de boca en boca, y pude enterarme de que es él quien hurtó el collar, que está preso y condenado a muerte.

—¡A muerte!

—Sí y, según se aseguraba, va a ser fusilado esta noche o mañana.

—¡Ah! ¡no será así no más, por mi vida! —Exclamó *Chiquirín*.

—¿Y quien le salvará? —Preguntó Mimí.

[147]

—¡Yo! yo! Mimí...

La muchacha estaba acostumbrada a ver realizar a *Chiquirín* los proyectos más difíciles, las más arduas empresas; sabía que el joven cuando soñaba una resolución no se volvía atrás; que era valeroso, inteligente y audaz, y que la necesidad, y la miseria, esos maestros engendradores de tanto bueno y de tanto malo como existe en el mundo, lo había convertido a los diecisiete años en un hombre capaz de abordar las mayores dificultades, de arrostrar todos los peligros y de pasar sobre cualquier obstáculo para llevar a efecto sus intentos. Así había sucedido con sus amorosas pretensiones. Al principio, Mimí, niña impúber de once años y medio, requebrada por aquel joven tan feo, le había rechazado; pero pasó un año, pasaron dos, sin que *Chiquirín* diese muestras de olvidarla; y fue tanta su constancia, tan evidentes las pruebas de su amor, tan admirables sus manifestaciones de aprecio y de estimación hacia ella, que vencida esa repugnancia, concluyó con amarlo con delirio, con idolatría y convertirse en esclava de su voluntad y de su poder.

Era pues muy natural que Mimí creyese en la infalibilidad de su amante; sin embargo, un rasgo de duda la hizo preguntarle:

—¿Y de qué medios te valdrás para salvar a Edmundo?

—¡Bah...! —Respondió el joven—. Ya lo pensaré...

Ambos bajaron la cabeza y durante algunos segundos, sus labios permanecieron cerrados. De repente se puso él de pie, su frente estaba despejada, brillaban sus ojos con fulgor extraordinario, sonreía con satisfacción y su cuerpo endeble, flaco, malhecho, se irguió como el de un general en jefe.

—¡Sí! —Exclamó—. Lo salvaré...

—¿Pero por qué medio? —Repitió Mimí, incorporándose también.

—Oye, ahora mismo voy a casa del juez y le digo: "el autor de ese robo soy yo, yo señor; Edmundo ha servido solamente como encubridor guardándome el collar, pero es inocente; yo pertenezco a la cuadrilla de *Barbas de Oro*, y la prueba es que lo he denunciado por medio de una carta. Edmundo es inocente y lo repito...

Chiquirín estaba radiante, embellecido, sus ojos despedían fuego, su cuerpo parecía haberse enderezado, y su semblante tenía una expresión que atraía, convencía, seducía...

—¡Mi sombrero! —Exclamó, con un aire y un tono semejante al del jefe que en los momentos críticos de una acción de armas desenvaina su espada para obtener su victoria.

Mimí lo contempló admirada y le dijo:

—¿A dónde vas?

—A casa del juez.

—¿Con semejante tiempo?

—Si, voy enseguida a salvar a mi amigo... ¡mi hermano!

—Detente... reflexiona —repuso Mimí con ternura—. ¿de qué te sirve ese rasgo generoso? ¿no ves que el juez no te creerá, que pensará desde luego que tú eres culpable, y que también lo es Edmundo? ¿Cómo podrás destruir su confesión? Pues debes saber, *Chiquirín*, que de boca de personas que no saben mentir, he oído esta mañana que Edmundo lo ha confesado todo.

—¿Ha confesado?

—Sí, sí,... y de nada te serviría entregarte al juez.

—Ah! ¡Qué tonto...! ¡qué tonto es!...

Chiquirín sentóse de nuevo en su jergón y con la cabeza entre las manos permaneció mudo.

Mimí pensativa, en silencio, llevó su mano al pecho como para ahogar los latidos de su corazón. Sus dedos tropezaron con el magnifico prendedor que tenía puesto y súbitamente, se iluminaron sus ojos y exclamó: ¡Ah *Chiquirín*! Ya sé la manera de salvar a nuestro amigo...

—Díla, respondió el joven anhelante.

—Oye... la señorita Amelia debe estar agradecida... ella sabrá la mejor manera de trabajar por Edmundo... voy enseguida a comunicarle su desgracia... es imposible que siendo tan rica y tan poderosa en esta ciudad se niegue a hacer algo por él... voy, voy ahora mismo a verla...

Chiquirín estaba admirado y extasiado.

—¡Ah! —Dijo—, ¿Qué tienen ustedes las mujeres que todo lo saben, todo lo penetran, todo lo prevén con más facilidad que nosotros! Cuan cierto es, Mimí, que una mujer vale por su perspicacia y astucia más que diez hombres, ¡y una mujer que ama como tú a mí y a los míos, vale más que diez mujeres!...

Se había vuelto el joven filósofo y pensador, ¿Qué hubiera sido con educación? ¡Ay! la sociedad por negligencia, por incuria, por preocupada, por pretenciosa, deja muchas veces perderse entre la yerba las mejores y más útiles plantas con que la sabia y justa naturaleza le brindó. *Chiquirín* y Mimí eran, como dice el verso, *Flores que nacen tristes, entre la yerba escondida*... ¿Qué hubiera sido con el amparo de un asilo, con la protección de un colegio de huérfanos?

Mimí, con su chal de seda rojo que *Chiquirín* le

había comprado, salió a la calle seguida de su amante, quien debía custodiarla a cierta distancia.

Iban en busca de la señorita Amelia...

CAPITULO XXII

La casa de don José Justo Velarde estaba situada, como la Mendívar, en la calle real y contigua al "Hotel Americano" de que era propietario.

Como Mimí la conocía perfectamente desde la noche en que acompañó a Amelia, no vaciló un momento en llegar hasta ella y tocar la puerta.

Sin dificultad fue conducida a un aposento lujosamente decorado, en donde se hallaba la joven bordando enfrente de un espejo.

Vestía Amelia un traje sencillo propio para estar en casa, y se encontraba sola como Mimí deseaba verla.

La pobre muchacha la contempló extasiada y tenía razón.

¡Era tan bella, reflejaba tanta pureza y distinción en el rostro y el aspecto de Amelia en lo general!

Al ver a Mimí, la joven se levantó de su asiento y sin ceremonia de ninguna clase la estrechó entre sus brazos.

—¡Cuánto has tardado en venir a verme! —dijo.

—Señorita... mis ocupaciones... —respondió Mimí turbada.

—Vamos Mimí dame otro abrazo, no estoy contenta si me tratas con seriedad... cuando recuerdo que en parte te debo la vida... vamos siéntate aquí a mi lado Mimí, eres mi amiga...

Mimí, loca, delirante, fuera de sí, se dejó caer en una silla al lado de Amelia, sin aptitud para pronunciar una palabra.

—¿Y *Chiquirín* —Dijo, recordando el nombre que le había dado *Barbas de Oro*—, cómo está?

—Bien, señorita, —respondió la joven

ruborizándose —... me ha encargado saludar a usted con todo respeto...

—Es un joven bueno... le quiero ya por su corazón y su talento.

—Más, ¿cómo sabe usted... tales cosas?

—Edmundo me ha explicado su conducta...

—¡Ah! Edmundo! Entonces ya lo sabe usted todo.

—¿Qué es eso de todo? ¿Qué quieres decir?

—Puesto que usted le ha visto y ha hablado con él ya debe saber su desgracia...

—¡Su desgracia!... sí, ya se que es muy pobre y muy desdichado hasta hoy...

—Pero usted le salvará ¿no es cierto?

Amelia se asombró de aquellas palabras y repuso.

—¿Salvarlo de qué?

—¡Cómo! De la muerte... quieren fusilarlo y está condenado a morir.

—¡A morir ¿y por quién?

—Por el juez...

—No comprendo... ¿Qué tiene Edmundo que ver con el juez?

—¿Y el robo del collar de nuestra señora? Le parece a usted poco lo que le acumulan, ¡ay! y él tan bueno... es incapaz...

Amelia dio un débil grito, y pálida dobló su cabeza como una azucena a impulso del huracán.

Al fin se serenó; su sangre española mezclada con la sangre americana hirvió en sus venas y recobrando su valor, preguntó a la joven...

—¿Qué le ha pasado a Edmundo, dímelo todo...?

—Ah! señorita —respondió Mimí—, usted no ignora que hace pocos días se cometió un robo en el templo de M... y hoy he sabido que Edmundo es el autor de ese crimen; que está preso, condenado a muerte y próximo a ser fusilado. *Chiquirín* quería salvarlo yendo donde el juez y confesándose autor del hurto; pero yo le hice comprender lo inútil de su sacrificio, porque el juez los hubiera condenado a los dos: luego hemos convenido él y yo en que vendría a verla, para que si usted quiere hacer algo por Edmundo...

—Sí Mimí, muchas gracias, yo haré lo que pueda...

Amelia, alma pura, cándido lirio en cuyo cáliz no habían libado las blancas mariposas su delicioso néctar; flor entreabierta en los primeros albores de la mañana de la vida. Amelia amaba desde el primer instante en que conoció a Edmundo al ser noble y perfecto que soñará su imaginación de mujer, y que presintiera su corazón de joven; y ahora en los momentos mismos en que pensaba en él, unas cuantas palabras de Mimí venían a derribar de su pedestal la estatua majestuosa del joven gallardo, valiente y noble que ella creía conocer, y que amaba ya...

—¡Ah! —se dijo—, ¡luego Edmundo me ha engañado, no es un joven digno y honrado, y si es un bandido, no puedo y no debo amarle más!... ¡No importa! Le debo la vida y voy a procurar servirle... Voy en seguida a ver a mi padre, él es bueno, poderoso, rico, y me adora; él procurará salvarlo... espérame Mimí... no te vayas... espérame aquí.

Y la joven pasó a otro aposento.

CAPITULO XXIII

A los pocos minutos volvió Amelia a donde la esperaba Mimí, y con un tono de seguridad que tranquilizó a la joven, le dijo:

—He hablado con mi padre, que se haya tan agradecido como yo a ese desdichado joven, y me ha ofrecido ir en el acto a verlo y combinar los medios necesarios para salvarlo. Confiemos pues en él y en Dios.

Mimí, con el gozo retratado en el semblante, salió de aquella casa, ofreciendo a Amelia volver al día siguiente.

Y casi al mismo tiempo don Justo Velarde salía para cumplir su ofrecimiento a Amelia.

Antes de seguirlo en su marcha tratemos de darlo a conocer a nuestros lectores.

Era Velarde de origen y nacionalidad española; el deseo de hacer fortuna le hizo salir de la península muy joven, recorrer casi toda américa, y fijar al fin su residencia en Guatemala, en donde encontró una linda guatemalteca, con quien se unió en matrimonio.

Trece años llevaba de casado cuando una pulmonía le arrebató para siempre a la dulce compañera de su vida, dejándole una niña de 12 años, Amelia, que era el único fruto de aquel matrimonio.

En fuerza de trabajo, actividad e inteligencia, Velarde había logrado hacer su fortuna, de la que disfrutaba en compañía de su hija, a quien llevara a su lado al cumplir quince años.

Era dueño de un almacén y del Hotel Americano, el mejor de aquella ciudad, en la época a que aludimos.

Era Velarde generoso y caritativo sin ostentación, y su casa, así como sus bolsillos estaban siempre abiertos al necesitado, cualquiera que fuese su origen, nacionalidad o clase social.

Tenía amor a la justicia y la costumbre de proteger a los presos, sin que obstase la magnitud del crimen o delito que hubiesen cometido.

Jamás rehusó el nombramiento de defensor, y cuando sus conocimientos, que no eran tan escasos en Derecho, no le alcanzaban para elaborar una buena defensa, acudía a un abogado, a quien pagaba con creces sus servicios; aunque él no cobrara a los reos un solo centavo.

Don Justo era de carácter suave, de trato afable, modales distinguidos, conversación amena y variada, de raros y apreciables conocimientos. Conocía a los hombres y el mundo; cualidades que le habían granjeado el mayor aprecio de parte de las personas que cultivaban su amistad.

Era buen cristiano, aunque no se confesaba, ni oía misa tan a menudo como otros. Por lo demás procuraba cumplir con puntualidad y sin exageración sus deberes religiosos y de todo género.

Era muy aficionado a la lectura, prefiriendo las obras serias a cualquiera otras; también le encantaba la poesía y en particular el género dramático.

Había leído los clásicos y le eran muy conocidos además las obras de Tirso de Molina, Lope y Calderón.

En cuanto a los poetas nacionales, se deleitaba leyendo la fábula del León de F. Matías Córdova, las de García Goyena, los cuentos y composiciones líricas de Pepe Batres, las de doña Josefa García Granados y la de los hermanos Diéguez.

Velarde había leído también muchas novelas, principalmente las de Dumas padre y E. Sué, aunque sin darlo a conocer, porque tanto estas como otras estaban prohibidas por el clero. Le encantaban sobre todo las obras hasta entonces dadas a luz por Pepe Milla.

Deseaba el bondadoso don Justo poner en práctica su ofrecimiento a Amelia, así es que en seguida fue a casa del Corregidor y le pidió una orden para que le dejasen hablar con el reo.

Aquel funcionario que cultivaba buenas relaciones con el español y conocía su carácter generoso, no le negó lo que solicitaba, con tanta más razón, cuanto que el proceso se había fallado y en consecuencia estaba demás la incomunicación que debiera haber cesado al elevarse a plenario la causa que de hecho existía.

Velarde con la orden se dirigió a la cárcel, pero deseoso hablar a solas con el reo, advirtió al alcaide que no sacase a este de la bartolina donde se hallaba, pues él acudiría a ella. Así lo hizo.

El joven prisionero estaba sentado en el suelo, cubierto con un cobertor de lana, sobre un *tul* que se le suministró por único lecho. Todo el ajuar del calabozo se componía de un cántaro de barro para el agua, y una cubeta de metal para usos indispensables.

Sólo el que ha estado preso alguna vez puede conocer la grata impresión que produce el ruido de las llaves que generalmente carga en un manojo el alcaide. Edmundo no tenía esperanza de que se le pusiese en libertad; y sin embargo al oír aquel ruido y que se acercaba a su bartolina, sintió palpitar de alegría su corazón, pero por un rasgo de orgullo y de despecho no se movió de su puesto.

Iba el alcaide adelante, seguido del presidente de la cárcel, quien llevaba un *bergajo* en la mano. Este hombre de fisionomía patibularia, reo rematado a diez años por homicidio, era el terror de los presos.

Velarde le seguía de cerca, y custodiaba a las indicadas personas una escolta compuesta de un cabo y cinco soldados.

La puerta de hierro del calabozo giró pesadamente sobre sus goznes y los tres sujetos mencionados penetraron en el interior. Dos soldados con sus fusiles cargados y apuntando hacia la puerta se colocaron de centinelas, y los otros tres se quedaron en el patio a la expectativa.

—¡Reo! —dijo el alcaide con acento brusco—, éste caballero desea hablar con usted a solas; pero para ello es necesario que usted se deje antes registrar.

Edmundo se puso en pie, dirigió una mirada a Velarde, se quitó el sombrero e iba a despojarse del saco cuando el español dijo:

—Es una precaución inútil, señor alcaide, no solo porque supongo que este joven fue desarmado al ingresar a la prisión, sino porque de él Velarde no tiene nada que temer.

—Sin embargo, señor —replicó el alcaide—, hay criminales como éste con unas caritas de ángeles que son capaces de engañar a los menos confiados.

—Déjenos usted en paz, —respondió D. Justo, con aire imperativo—; y si usted teme algo del reo, puede quedarse con su patrulla en el patio, pues le repito que he sido autorizado para hablar a solas con él, y que en consecuencia no quiero tener testigos.

—Muy bien —dijo el empleado y dio orden a la escolta para retirarse, haciéndolo él enseguida; pero por una precaución que Velarde no podía evitarle, cerró con llave el calabozo. De ese modo se hacía imposible una fuga, puesto que ambos quedaban presos.

—¡Joven! —exclamó Velarde tan luego como estuvo solo con Edmundo—, he oído referir los crímenes que le atribuyen, y un interés compasivo hacia usted me ha traído aquí.....

Edmundo no respondió, ni siquiera se dignó a ver a su interlocutor.

—¿No me ha oído usted? —Preguntó éste.

El primero guardó el mismo silencio.

—Parece —continuó Don Justo—, que mi visita lo desagrada.....

Edmundo no desplegó los labios.

—Sin embargo —continuó aquél con calma—, entando en conversación conmigo se convencería de que puedo servirle de algo, aun cuando sólo fuera para aliviar su mísera situación.

Edmundo hizo un movimiento de impaciencia, se puso bruscamente de pie, dirigió a Don Justo una mirada fulminante y exclamó:

—¡De nada necesito! ¿el condenado a muerte qué puede querer ni esperar?

—¿Y que no es un consuelo la presencia de un semejante en sus circunstancias?

Edmundo alzó los hombros e hizo un ademan de indiferencia.

—Si joven —continuó Don Justo con imperturbable calma—... Un semejante, un prójimo, por infeliz que se le suponga, siempre puede ser útil.

—Usted no es mi semejante —respondió Edmundo con amarga sonrisa—. Usted es tal vez un hombre honrado; yo soy un criminal; un ladrón condenado a muerte. ¿Qué más puedo ser? Nada tengo de común ni con usted ni con nadie. Si la curiosidad de saber la historia de un reo lo ha conducido aquí, puede usted ahorrarse la mortificación de verlo, de hablarle; lea usted el proceso, yo no tengo qué decirle....

Don Justo dió un paso hacia Edmundo, y, con voz aún más dulce e insinuante, le dijo...

—Lo que veo es que tus sufrimientos ¡oh joven, han extraviado tu razón! Llamas curiosidad al sentimiento más desinteresado; crees que soy alguno de tantos miserables que acuden a las prisiones a hacer falso alarde de piedad, o que son guiados por esa debilidad de la especie humana que me atribuyes; no hijo mío, no, me ha traído aquí el deseo de servirte en algo; cuando he visto tu fisionomía, casi de un niño; cuando he leído en tu semblante lo que pasa en tu interior, he creído que he estado enfrente de un desgraciado y no de un criminal incorregible. ¡Ah! ¡lloras! El hombre que llora es porque tiene abierto el corazón al remordimiento. Ven no vaciles. Yo he ocurrido de parte de Amelia, mi hija, a quien un día salvaste la vida, no dudes de mí; sí realmente has cometido crímenes yo te consolaré; procuraré inspirarte valor y resignación hasta el último momento, y si eres inocente trataré de salvarte. De todos modos te ofrezco mi mano de amigo. Ven, estréchala sin temor; ¡pobre alma atormentada!

Edmundo alargó su mano con timidez; pero Velarde lo atrajo dulcemente y lo estrechó entre sus brazos.

—Siéntate, hijo mío —dijo entonces el caritativo viejo—, y hablemos.

Y se sentó a su lado, sobre aquella estera sucia y hedionda, que había servido de lecho a muchos criminales. Para inspirar mayor confianza al prisionero, le refirió como había sabido su situación, las promesas que había hecho a su hija, y sus esperanzas de que la Corte no confirmase la sentencia de muerte. Debemos advertir que Don Justo estaba muy lejos de sospechar el naciente amor de los jóvenes.

Edmundo entonces con la mayor humildad y sencillez le refirió su historia pasada; el viaje con su madre con el objeto de recobrar la cantidad que su protector le había regalado; la enfermedad de Margarita; su miseria; las tentativas que él hiciera para emplearse, y el tratamiento que se le dió; el desprecio con que vio a su madre aquel gran señor, que le había condenado; las tentaciones horribles provocadas por el espectáculo de la abundancia y de lujo en aquella casa del banquete; su entrada por curiosidad a la iglesia de M...; las emociones que experimentó al ver tanta riqueza en una imagen, y tanta necesidad, aún del pan en su casa; sus ilusiones y esperanzas de dar a su pobre madre alguna comodidad; el robo del collar y sus remordimientos inmediatos; el efecto que en su ánimo produjera su encuentro en el hospital, con Amelia; su resolución de restituir la alhaja robada; su confesión ante el cura de M... dada bajo la solemne promesa de no revelarla; la hipocresía de este mal sacerdote; su captura y su encierro en la bóveda; y luego, la calumnia del robo de las otras joyas, y de su complicidad con los bandidos, en lo que no había pensado jamás. No omitió los interrogatorios que el juez le dirigiera, los careos, la confesión con cargos; y por último, la sentencia en que se le condenaba a muerte. ¿Quién le había defendido? Lo ignoraba, porque se nombró un defensor de oficio, cuyo nombre no recordaba.

Una sola vez habló con él en la cárcel, rodeado de soldados, usando de precauciones, iguales a las que Velarde había rehusado, y empleando un aire de protección humillante y ofensivo. No había intentado siquiera captarse sus simpatías, con alguna frase, con alguna manifestación de piedad hacía él. Sus preguntas fueron hechas en tono duro, como quien de mala gana desempeña su papel; lejos de llevar a su alma un rayo de esperanza, hizo desvanecer las que abrigaban su corazón.

—Ya sabes —le dijo su defensor—, que he aceptado tu defensa por bondad, y que tu causa es una causa perdida: has confesado tu delito y el que confiesa se pierde; sin embargo en peores *aprietos* me he visto, y no dudes que haré lo posible por que te impongan una pena *temporal* ¿qué diablo! Si tuvieras dinero.... *dádivas ablandan peñas*, dice el adagio, y los jueces son hombres de compasiones como nosotros. ¿Cuentas pues con recursos? Si no, no puedo responder de ti...

El joven contestó que no quería defenderse, que no se molestase él en eso, y que lo dejaran en paz; y el tinterillo, hermano del Secretario, salió murmurando y echando pestes...

Velarde, estaba consternado y al mismo tiempo satisfecho de su penetración. Lo que él se había figurado resultó ser cierto: Edmundo no era un criminal si no un desgraciado a quien un cúmulo de circunstancias y de influencias extrañas a su propia voluntad, habrían impelido al delito.

Los hechos se presentaban claros a los ojos de don Justo y sus causas estaban atenuando la responsabilidad del joven. Este había sido impulsado por el amor más puro y santo; no era víctima de una pasión violenta e innoble como los celos, la ira, el odio, ni de las seducciones de la belleza. Con el deseo de salvar a su madre de la muerte empleó primero medios lícitos y honrados, buscando un empleo. ¿Por qué misteriosos designios de la Providencia o de la fatalidad, se dirigió a un judío avaro, sin caridad ni compasión? ¿Por qué no encaminó sus pasos hacia Velarde, cuyo bolsillo y cuya casa habría encontrado abiertos y a su disposición? Don Justo reflexionaba que en el estado de abatimiento y desolación del joven, el espectáculo de aquel banquete en donde se hacía ostentación de lujo, debió haber producido en su ser una especie de evolución peligrosa, un odio grandísimo hacia las clases elevadas que derrochan lo que haría la felicidad de muchas familias: y ese mismo esplendor imprudente, y hasta injurioso para el pueblo miserable, se ostentaba en los templos, cuando ese pueblo que los enriquecía con el sudor de su frente, lloraba en la pobreza, en la ignorancia y en el más culpable abandono. ¿Por qué el clero, la sociedad, el gobierno se ocupaban continuamente en acaparar riquezas para los conventos, para los curas, en vez de fundar asilos para los desvalidos, casas de caridad para los enfermos y desheredados de la fortuna, escuelas para los niños pobres, establecimientos correccionales para los menores de edad; penitenciarías para los criminales, etc., etc? Se dirá que el buen español carecía de justicia, porque había cárceles, hospital y algunas escuelas. ¿Pero, que eran esas cárceles? ¡Centros de perdición! ¿Qué era ese hospital? Umbrales de la muerte, según la gráfica expresión del pueblo. ¿Y esas escuelas? Establecimientos desprovistos de todo elemento adecuado para el desarrollo de las facultades físicas, intelectuales y morales del niño; escuelas con maestros sin dotes ni conocimientos pedagógicos, en donde se *enseñaba* a *palos*, para borrar de los corazones infantiles todo sentimiento de dignidad y de energía; ¡escuelas en donde se reclutaba a los que más tarde debían formar el ejército de los curas y de los santos! Después Velarde, concretando sus reflexiones, se decía: "¿Hay arrepentimiento más sincero, acción más heróica que la llevada a cabo por este joven, que, impulsado por los consejos de su sano juicio, vuelve sobre sus pasos, se humilla ante el sacerdote, le confiesa su delito, le entrega el objeto robado; y cuando el representante de Cristo le deja sólo y en posibilidad de huir, no lo hace, porque lo parece que esa fuga constituye una vileza, una infamia. ¿Y como fue recompensada aquella conducta de Edmundo? El pastor de almas, el varón santo, le entregó a la justicia, faltando miserablemente a sus deberes religiosos y a sus compromisos de caballero; le calumnió además, para hacerlo doblemente culpable, para cohonestar así la excitación que en el pueblo fanático había despertado, ¿quién sabe si con algún interés desconocido? Velarde, presentía la proximidad de una revolución que modificase el estado infeliz del pueblo....

Todos estos pensamientos iban cruzando rápidamente en el cerebro de don Justo, quien no observaba que hacía más de media hora que se encontraba allí.

El alcaide se encargó de recordárselo, abriendo la puerta del calabozo.

—Hijo mío —dijo don Justo, poniendo las manos sobre la hermosa frente del joven—: ten valor, ten paciencia; no todos los hombres son tan malvados como pudieras suponer; hay corazones nobles y verdaderamente cristianos. Yo buscaré su cooperación para salvarte; yo empeñaré cuanto poseo para obtener tu libertad; ten fe y esperanza. Oye: en el mundo no hay ser que no pague tributo al dolor, el ave que cruza rápido el espacio y que nos causa envidia por la libertad de que parece disfrutar, no puede muchas veces detener su vuelo, y fatigada continúa su vertiginosa marcha por las alturas, para no ser víctima de la voracidad del halcón que le persigue; éste a la vez, suele caer despedazado por el plomo del cazador; y el hombre, rey de la creación, es muchas veces sacrificado por el hombre: el contraste que nos ofrecen el bien y el mal en perpetua lucha, es precisamente lo que constituye el modo de ser de la naturaleza. Junto a las sombras, la luz; junto a la vida, la muerte; cerca de la virtud, el vicio; cerca del dolor, la alegría. Pero ¿quién duda de que esos contrastes son la armonía misma, que nos revela la existencia de un ser superior a todos; de un creador, bajo cuya sombra protectora se duerme la avecilla con sus débiles pollos; el halcón que huye del cazador; el hombre bueno que es perseguido por el malvado? ¡Ah! Ten fe y esperanza... cree en la Providencia y ella te protegerá... ¡Del cielo baja el consuelo que necesita tu pobre alma atormentada; y al cielo suban, como dulce y sentida súplica nuestras lágrimas juntas!...

Cuando Edmundo quiso hablar, Velarde había desaparecido.

Parecióle al joven prisionero que el calabozo se había iluminado; que del cielo descendían los ángeles tendiendo sus blancas alas sobre su cabeza; que una música armoniosa hendía el espacio; y que en medio de nubes vaporosas, se percibía la figura de aquel hombre que había sabido llevarle la *esperanza*.

    Creyó que era un enviado de Dios, y maquinalmente, cayó de rodillas y oró por él.

CAPITULO XXIV

En el mismo día, don Justo, para continuar su obra de caridad ya comenzada, fue al hospital con el objeto de hablar a Margarita, a quien encontró levantada y casi por completo restablecida.

Ignoraba la pobre señora la prisión de su hijo y estaba inquieta porque no lo había visto.

Velarde la consoló diciéndole que Edmundo estaba empleado en una finca, lejos de la ciudad, y que iba en su nombre para saber en qué podía servirla. Háblole también a nombre de Amelia, por quien Margarita conservaba inmensa gratitud, por los cuidados que le había tan bondadosamente dispensado.

No le fue, pues difícil, al bondadoso don Justo captarse en breve tiempo la confianza y simpatía de Margarita, y que le refiriese el objeto de su viaje.

Mostróle la letra firmada por fray Angélico, valor de 5,000 onzas e interés al 6% anual, desde la fecha de la entrega, es decir, hacía cuatro años. La deuda era exigible en cualquier tiempo, con sólo dar aviso al deudor, tres días antes.

Pero faltaba el testamento de Treviño y era indispensable esperar.

Sorprendido quedó Velarde cuando leyó el documento que tenía entre sus manos, y de cuya verdad no podía dudar.

Extraña coincidencia. Fray Angélico, el genio del mal, que había perdido a Edmundo, ¡le era deudor de una fuerte suma! ¿Sería este el móvil que había impulsado al sacerdote? Para suponerlo era necesario que supiese que Edmundo era legatario del padre

Félix; que lo conociese en fin. Velarde trato de aclarar sus dudas y preguntó a Margarita:

—¿Conoce usted a fray Angélico?

—No, señor, no le he visto jamás ni había oído su nombre, sino hasta el momento que leí el testamento del padre Félix.

—Más ¿cómo supo usted que aquí vivía?

—Con gran trabajo pude averiguarlo en la capital, valiéndome de una amiga, hermana de un sacerdote.

—¿Y fray Angélico sabe que Edmundo es legatario del padre Félix?

—Lo ignoro, pero no creo que lo sepa, pues apenas tres meses que murió el padre Félix, y su albacea al entregarme estos documentos, me aconsejó que viniera personalmente a la República y averiguara la residencia del deudor, cuyo paradero ignoraba, y que ahorraría los gastos que tendría que hacer si nombraba apoderado.

—¿Pero usted no ha tratado de buscarlo?

—No he tenido tiempo: al llegar a esta ciudad caí enferma; aquí no tengo otro conocido que don Diego Mendívar, antiguo amigo mío, a quien me dirigí pidiéndole protección, a nombre de nuestras relaciones de otro tiempo. ¡Oh! Pero don Diego no se dignó contestar mi carta, y según sé, porque Edmundo se lo dijo a Anselma, no quiso recibir a mi hijo, a quien despidió de su casa con la mayor brusquedad, sin preguntar su nombre siquiera. En el corazón frío de ese hombre no se despertó la voz de la conciencia.

Estas palabras llamaron la atención de Velarde; algo extraordinario y horrible presentía, y no obstante la repugnancia que le causaba aparecer indiscreto a los ojos de aquella infeliz mujer; en la necesidad de conocer todos los detalles que interesar pudiera al objeto que se proponía, como el médico que para hacer un diagnostico examina hasta el más insignificante síntoma del enfermo, preguntó:

—¿Podré saber, señora, qué clase de relaciones o de lazos existen entre usted y Mendívar?

—Ningunas; hace más de quince años que no lo veo, pero en otro tiempo fue mi amigo... —dijo Margarita ruborizándose e inclinando la cabeza.

—¿Y de eso sólo hace quince años?

—No, hace más: hace veinte. Mendívar me engañó haciéndome creer en sus promesas, y acabó por arrojarme al cieno de la perdición; se portó infamemente conmigo, y me abandonó dejándome en cinta; pero en fin, es padre de mi hijo, y no quiero que este aprenda a aborrecerlo.

—¿Padre de Edmundo! —exclamó don Justo sorprendido.

—Sí, padre de mi hijo.

—¿Y Edmundo lo sabe?

—No: jamás se lo he dicho, porque Mendívar no quiso nunca reconocerlo, aun cuando tiene la convicción de su paternidad.

—¿Y, no le ha visto nunca siquiera?

—Como le he dicho a usted, una sola vez le envié con una carta en la que imploraba su protección para nuestro hijo; creí que le vería; que en su hermoso semblante hallaría impresos los rasgos del suyo; que la voz de la naturaleza hablaría a su corazón; pero aquel hombre no quiso verlo, ¡no quiso preguntar su nombre, no quiso reconocer a su hijo...!

—Todo cuanto usted me dice es terrible y cruel, —dijo Velarde—; pero ¿quién sabe si la Providencia ha puesto intencionalmente en mis manos los medios de premiar la virtud y castigar el vicio y la maldad? Señora, digo a usted lo que aconseja la moral: tenga esperanza, ya que ha tenido la fe que salva...

Don Justo se despidió llevándose los papeles que Margarita le entregó para que cobrase las cinco mil onzas tan pronto como llegase el testamento, y se encaminó a su hotel lleno de satisfacción por el bien que había hecho y se prometía hacer.

CAPITULO XXV

Entretanto que el proceso corría todos sus trámites en el Tribunal de primera instancia, los antigüeños iban olvidando el acontecimiento que casi un mes los había mantenido en continua agitación.

Si todos los pueblos son por lo general inconstantes y versátiles, el nuestro, sea dicho con perdón de mis paisanos, llama la atención por semejantes cualidades.

Lo que hoy le horroriza, mañana le causa lástima e interés.

Al que hoy denigra, mañana aclama y enaltece.

Tan fácil para dejarse arrastrar por sus primeras impresiones, sin que presida jamás el juicio y el raciocinio, condena hoy lo que mañana acogerá con entusiasmo.

Y como quiera que es imposible eliminar de nuestro carácter la indolencia y la apatía, propias de los pueblos que han sido durante siglos oprimidos, no hay acontecimiento por extraordinario que se le suponga, que merezca la pena de ser grabado en la memoria de los guatemaltecos.

Debemos, además, hacer notar un fenómeno singular.

Desde el instante en que los jueces pronuncian la palabra muerte, la sociedad entera siente una especie de horror que, si persistiese al aislado de cualquier otro sentimiento, sería acaso ejemplar. Pero enseguida lo remplaza la compasión hacia el reo; no tarda en despertarse por él una viva simpatía; después la importancia y la intensidad del crimen se extingue ante la severidad de la condena; y por último, la sociedad concluye por ver en el condenado una victima, en los jueces unos asesinos, amparados por la impunidad de la ley.

Y he aquí uno de los graves inconvenientes de la pena de muerte.

Los antigüeños, como hemos dicho, comenzaban a olvidar el crimen, por fijarse en el criminal y observar con atención las pericias de la causa.

Ya entre algunos círculos se hablaba de la severidad de la condena y la seguridad de que la Corte no la confirmaría.

La compasión comenzaba a abrirse paso a través de los oídos populares, y algunas personas manifestaban hasta en público sus dudas acerca de la santidad de fray Angélico y de la rectitud del juez Mendívar.

La opinión pública íbase tornando en contra de aquellos dos personajes.

Como no existía libertad de imprenta, ni cosa que lo pareciese, revelábanse los sentimientos populares por medio de pasquines y anónimos.

En ellos se acusaba a fray Angélico de desleal, de traidor a sus sagrados deberes de sacerdote, de calumniador y de vil; y a Mendíavar de Juez prevaricador, cohechador de testigos falsos etc., etc.

Estos pasquines eran borrados por los alguaciles; pero al día siguiente aparecían de nuevo en distintos lugares.

Por supuesto que Mendívar y fray Angélico los veían todos, y comenzaban a temblar ante su propia obra.

Una mañana apareció el siguiente manuscrito anónimo en las puertas de las principales casas, en las del templo de M... y en las paredes de los portales:

Diego Mendívar, padre de Edmundo Santisteban.

Aquel pasquín produjo un efecto asombroso: todos preguntaban ¿Qué significa eso? ¿Quién es Edmundo Santisteban? Y a las tres de la tarde de ese día todos los santigüeños sabían que el reo condenado a muerte se llamaba Edmundo Santisteban; ¡de suerte que el padre había condenado a muerte a su hijo! ¿Pero sería en realidad su hijo? El pueblo no lo ponía en duda; ya hemos dicho con cuanta irreflexión se deja dominar de las impresiones que primero hieren su imaginación sin procurar siquiera descubrir la verdad.

Cuando Mendívar vio aquel aviso se estremeció.

Vinieron a su memoria aquellas calaveradas de su juventud, reminiscencias de sus mocedades; recordó la historia de aquella mujer a quien había abandonado; recordó que ella había tenido un hijo que por orgullo no quiso reconocer nunca; que hacía pocos días que había recibido una carta en que aquella mujer le pedía protección para su hijo; y que él, Mendívar, sin piedad, lo había arrojado por medio de sus criados, sin querer oírlo, sin conocerlo, sin preguntar su nombre. ¿Pero tenía él seguridad de que Edmundo fuese su hijo? ¿No había sido Margarita una perdida? Es verdad que él la había precipitado al vicio; es verdad que el abandono la había arrastrado a su completa perdición; pero en fin, aquel joven no era su hijo porque no quería que lo fuera. ¿Qué se hubiera dicho de él, un Mendívar, tuviese un hijo natural! ¡Acaso su sangre noble podía circular por las venas de un plebeyo?

Empero el remordimiento se levantaba en su conciencia.

De todos modos él era un juez prevaricador. Él había

sobornado testigos para condenar a Edmundo... y él lo había condenado a muerte fundado en la prueba testimonial por él mismo preparada.

No cabía duda: era un miserable; así se lo decía el pueblo; así se lo gritaba su conciencia.

Una mañana se le presentó *Pongón* quejándose de que una partida de muchachos le habían silbado y gritado: espía, esbirro, testigo falso, y le había apedreado.

—¿Por qué no los capturaste? —Preguntó Mendívar.

—Era imposible, señor; esos patojos obedecen a sus mayores y éstos están insurreccionados: hay una mano oculta que dirige esta conspiración contra nosotros.

—¿Y quién puede ser esa mano oculta? El reo no tiene aquí parientes, ni importancia, ni simpatías.

—Es verdad y, sin embargo, no es obra de un solo hombre la obra que se está llevando a cabo.

—En fin —dijo Mendívar con impaciencia—, vigila, vigila mucho ¿en dónde está tu ingenio y tu perspicacia?

Pongón salió refunfuñando: "¿Qué necesidad tenía de verme metido en estos líos, si no hubiera sido por el Juez? Yo nada tendría que ver en todo esto..."

CAPITULO XXVI

Fray Angélico estaba no menos sobresaltado que Mendívar, solo que, con su hipocresía habitual, pensaba dominar la situación.

Una mañana, a eso de las diez, se presentó en su casa un caballero solicitando una entrevista que, según decía, era de gran importancia para él; en su tarjeta estaba escrito este nombre "Mr. Blok, Ingeniero Militar y Coronel del ejército americano."

Fray Angélico al leer aquella tarjeta, abrió cuanto pudo sus ojos hundidos y profundos, y se llevó la mano a la sien, como para invocar sus recuerdos; pero aquel nombre le era totalmente desconocido. ¿Quién será éste yankee? Se preguntó. ¿Qué querrá conmigo? De seguro que no viene a solicitar mis auxilios religiosos, pues son todos esos americanos del Norte, unos, protestantes, y otros, judíos. En fin, veremos...

—¡Que pase adelante! —Dijo en voz alta, y se sentó en su silla; inclinó la cabeza con aire meditabundo y cruzó los brazos sobre el pecho en actitud beatífica.

El desconocido entró en el gabinete: era alto, delgado, de patillas rubias, ojos azules y redondos, mirada penetrante, musculatura nerviosa y fuerte; vestía gabán de casimir gris, pantalones muy bombachos del mismo género; calzaba guantes de cabritilla aplomados, y en la mano con la mayor desenvoltura, llevaba un sombrerito de paja americano; una sonrisa afable y juguetona se percibía en sus labios.

—¿Tengo la honra —preguntó con acento marcadísimo de yankee —de hablar con fray Angélico?

—Servidor de usted —respondió éste con voz nasal; y poniéndose de pie indicó un asiento al yankee.

El Coronel Blok se dejó caer en la silla, estiró las piernas, sacó una tabaquera, torció dos cigarrillos, y sin más preámbulos ofreció uno al sacerdote, y encendió otro en la lumbre de un cerillo.

Fray Angélico no estaba acostumbrado a que se le tratase con tanta falta de respeto, pero tomó el cigarro prudentemente y lo puso sobre el escritorio.

—Ya sabe usted —dijo el yankee, siempre en su infernal mezcla de inglés y español—, que nosotros los americanos, profesamos el proverbio que dice: *time is money* y por lo tanto no le quitaré a usted el suyo.

En seguida sacó de su bolsillo una gran cartera de búfalo, y de ella unos papeles, desdobló una hoja, y poniéndola delante de fray Angélico, le dijo:

—¿Esta firma es de su señoría?

El sacerdote fijó sus ojos en el documento que se le presentaba y en pocos segundos leyó su contenido; pero no queriendo responder de plano a aquella pregunta comprometedora, dio unos cuantos pasos hacía una cómoda y abrió varias gavetas buscando algo lentamente. Al fin extrajo unos anteojos de color ahumado y se los caló alargando la mano para tomar el documento; pero el yankee, con fingida galantería, se lo puso de nuevo delante sin soltarlo.

Fray Angélico leyó el documento pausadamente y para sí; era la letra que había otorgado para seguridad del padre Félix, por valor de 5,000 onzas y sus intereses al 6% anual, cuatro años antes.

—Sí, es mía la firma... —balbuceó el sacerdote, ocultando tras sus anteojos ahumados, la impresión desagradable que experimentaba.

—*All right* —dijo el yankee—. ¿Podré contar entonces con ese dinerito?

Fray Angélico fijo sus ojos en Mr. Blok y con tono irónico le dijo:

—¿Será Ud., por ventura apoderado de mi amigo Félix o acaso él mismo?

—¡Tal metamorfosis sería graciosa! —respondió el yankee—; pero ni su apoderado ni él mismo: soy simplemente endosatario de ese documento, como lo puede usted ver.

Y luego, dando la vuelta a la letra, puso a la vista del sacerdote el endoso hecho por Margarita Santisteban, en concepto de tutora natural de su hijo, en favor de Mr. Blok; este endoso estaba legalizado y datado en la misma ciudad de la Antigua, dos días antes.

—Está bien —dijo fray Angélico—, pero el derecho con que la señora Margarita procede no ésta justificado; ni siquiera se menciona el nombre del supuesto dueño o pupilo.

—Tiene usted razón —dijo Mr. Blok—; pero para que se desvanezcan todas sus dudas, sírvase leer este documento.

Y él yankee puso en manos del sacerdote el testamento del padre Félix, perfectamente legalizado con el pase de la Corte Suprema, muy recientemente dado.

Fray Angélico comenzó a leer el encabezamiento, vio después las firmas de los ministros respectivos y la razón del Regente de la Corte y exclamó: ¡El padre Félix muerto! ¡Muerto! Y con las manos juntas elevó sus ojos al cielo y dijo: ¡Dios le tenga en su santa guarda!

—¡Hipócrita! —Murmuró Mr. Blok.

Fray Angélico continuó leyendo, y cuando hubo repasado la cláusula respectiva al legado, exclamó:

—¡Edmundo Santisteban!

Y por un movimiento nervioso, el sacerdote dejó caer el testamento, y preguntó:

—¿Quién es este Edmundo?

—El mismo —respondió Mr., Blok, con repentina exaltación—, el mismo a quien usted ha entregado a la autoridad judicial, para que lo procesara por el robo de unas joyas de la virgen; el mismo a quien usted ha hecho condenar a muerte, calumniándole y haciéndole acusar por testigos falsos...

Un rayo que hubiese caído a los pies del sacerdote, no le habría consternado tanto como aquellas palabras. Sin embargo no le convenía descubrirse y trató de serenar su ánimo. Buscó una frase bastante enérgica para rechazar las imputaciones del yankee; pero de sus labios acostumbrados al embuste, no salieron más que estas palabras:

—¡Ah! También usted cree en las calumnias del pueblo ignorante, y también abusa usted como él, de mi carácter religioso, que me prohíbe castigar personalmente al calumniador...

—Sí; —respondió Mr., Blok con creciente indignación—, y no sólo creo en las imputaciones que el pueblo le hace, sino que me inspira horror y desprecio la conducta de un hombre como usted que, abusando de su ministerio, revela lo que un desgraciado joven le confiara, incautamente, durante la confesión; falta a sus juramentos, y como un nuevo Judas, lo prende y lo entrega a la justicia; que haciendo el papel de un tinterillo intrigante en consorcio con un Juez venal y perverso, elabora un proceso infame; y por último ¡induce a ese Juez a que condene a muerte a su propio hijo! Porque ha de saber usted ¡oh varón insigne, pastor de almas!, que Diego Mendívar es padre natural de Edmundo Santisteban.

Fray Angélico dio un débil grito; sus piernas se doblaron; su cabeza se inclinó sobre el pecho; y se dejó caer pesadamente sobre su asiento, como el árbol herido por el hacha del labrador.

Durante algunos segundos permaneció mudo, lívido e inmóvil. Al fin con voz entrecortada repuso:

—¿Pero que quiere usted de mí?

—Las 5,000 onzas y sus intereses —respondió el yankee completamente repuesto de su exaltación.

—Pero, —replicó fray Angélico—, me es imposible pagar esa suma.

—Entonces acudiré a mi Cónsul; entablaré una demanda, y será público que fray Angélico ha calumniado y hecho condenar a Edmundo, para deshacerse de un acreedor a quien creía sin herederos, con objeto de apropiarse la suma...

—¡Oh, no!... —exclamó el sacerdote con voz suplicante—, no hará usted eso; yo juro a usted que no conocía a Edmundo y que ignoraba que fuese legatario del Padre Félix.

—¡El pueblo y los jueces si lo creerán! y a un tiempo mismo se instruirá el juicio civil y el criminal...

Fray Angélico quedó por algunos momentos pensativo...

El yankee fijando en él sus ojos penetrantes, le dijo:

—Hay un medio de salvar la situación...

—¿Cuál? —Preguntó fray Angélico, anhelante.

—¡Pagar! —Respondió el yankee sonriendo irónicamente.

—¡Me será imposible!

Y era verdad, porque el diablo de la avaricia del que él era victima Fray Angélico lo tenía fuertemente asido entre sus garras.

—Pues hay otro medio, dijo Mr., Blok.

—¿Cuál?

—Muy sencillo, firmar una exposición a la Corte, asegurando que es falso el robo de las alhajas.

—¡Una retractación! ¡Un perjurio! —Exclamó Fray Angélico fuera de sí—. ¡Jamás!

—Pues entonces... pagar o ir a la cárcel por calumniador...

—Déjeme usted pensar —dijo el sacerdote reflexionando—. Yo buscaré y encontraré el medio de salvar a Edmundo; pero en cambio, esa letra...

—Le será a usted cancelada como un premio por sus buenos oficios...

Fray Angélico se reanimó; la avaricia en él era superior a todos los vicios.

—Concedo a Ud., veinte y cuatro horas para pensarlo, y resolver lo que debe hacer —dijo el inglés con tono imperativo.

—Es muy poco tiempo.

—Ni un segundo más. —El yankee sacó su reloj, y dijo—: son las 10 y 35m., mañana a la misma hora, estaré aquí. Si usted no me recibe, o si no me satisface su determinación, procederé en el acto en la forma en que me acomode...

—Me resigno —respondió el sacerdote.

—Hasta mañana, pues.

El yankee salió, dejando a fray Angélico sumergido en profunda consternación.

Un cuarto de hora después, Mr., Blok entraba en el hotel principal de la Antigua, "El Americano."

Velarde leía en el corredor, sentado en una cómoda butaca.

A una señal imperceptible del yankee, Velarde se levantó y con el libro en la mano se dirigió a su despacho.

—¿Estamos solos? —Preguntó aquél.

—Sí, ¿qué hay?

—Todo cómo lo deseábamos. El cura salvará a Edmundo por temor de ser acusado por perjuro, y sobre todo por las 5,000 onzas.

—¿Y de qué medios se valdrá?

—Él mismo no lo sabe; le he dado un plazo de veinte y cuatro horas para resolverlo; pero es hábil tinterillo y lo encontrará.

—Debemos pues estar tranquilos por esa parte.

—Sí...

—¿Y en cuanto a Mendívar?

—Es necesario obtener su retrato; he hablado con Mr., Charmeil y está dispuesto a hacer las fotografías.

—Muy bien. ¿Hoy es lunes?

—Sí...

—Mañana, si Charmeil se apresura a ir a casa de Mendívar, lo tendremos. En cuanto a Edmundo está ya retratado.

—Entonces, voy en el acto a ver al fotógrafo.

—Gracias hermano...

Mr. Blok hizo un signo especial con la mano y salió.

CAPITULO XXVII

En aquellos días llegó de la capital un fotógrafo, que, según decía, iba con el propósito de *tomar vistas* de las ruinas y parajes pintorescos de la ciudad, y además tipos indios, sin que esto obstase, para que, por un precio módico, se retratara la persona que quisiera.

No estaba ningún fotógrafo radicado en la Antigua, de manera que la llegada de Mr. Charmeil llenaba una de las necesidades más imperiosas; pues es sabido que no hay un hombre y menos una mujer que no tenga gusto en dejar grabada su imagen en el papel, lienzo o metal; sin duda porque no es dudosa la fragilidad de la memoria humana...

Mr. Charmeil, francés; de *pur sang*, era un sujeto tan amable, decidor y galante, que parecía imposible resistirse a sus deseos, cuando se empeñaba en fotografiar a alguna persona.

Una de sus primeras visitas fue la del Corregidor, quien lo recibió con su habitual seño adusto; pero cuando Mr. Charmeil le dijo con el tono más afable del mundo que quería retratarlo, solamente por engalanar su colección de *hombres grandes* del país, en cuyas páginas figuraba ya D. Rafael Carrera; aquel funcionario sonriendo, y pensando alegremente en lo guapo que se vería con su uniforme de General, no vaciló en acceder a los deseos del francés.

Al día siguiente se presentó éste con su máquina ambulante, y saco varias planchas o negativos, prometiendo llevar pronto las pruebas.

Durante el tiempo que estuvieron juntos entablaron conversación, y, como era natural, el francés la hizo recaer en el último crimen cometido en la ciudad, y exageró el escandalo que en la capital había producido.

Manifestó además que en su país se fotografiaba a los criminales, con el objeto de identificarlos en caso de una fuga, para facilitar a la policía su captura, y estudiar sus condiciones frenológicas. Y concluyó asegurando que si se le concedía hacer algunos retratos del célebre bandido, condenado a muerte, no solo podía satisfacer la curiosidad del mundo exhibiéndolo, sino que vendería a módico precio algunas copias.

La idea agradó al Corregidor, quien en el acto extendió una orden para que el alcaide de la cárcel permitiera a Mr. Charmeil retratar al condenado… Así recompensaba también la amabilidad de aquel sujeto.

Al día siguiente M. Charmeil realizaba sus deseos tomando varios retratos de Edmundo.

Pero como su colección de hombres grandes del país, no estaba completa, dispuso presentarse en casa del Juez de Primera Instancia, que por ser persona notable, debería figurar en su galería.

Mendívar no estaba en casa, pero el francés preguntó por la señora, y sin preámbulo, con su natural desembarazo, fue colocando y arreglando su máquina ambulante.

Tan luego como la esposa y la hija de Mendívar se impusieron del objeto de Mr. Charmeil, lo introdujeron en la sala principal.

El francés les habló con la mayor amabilidad; exageró la belleza de la niña, y el gozo que el señor de Mendívar experimentaría al contemplar una preciosa fotografía iluminada, de su hija. Con mucha política y disimulo insinuó la idea de que aquella no costaba un centavo; porque el único objeto que le guiaba era enriquecer su galería fotográfica de *bellas damas de Centro América*; y para darles el golpe de gracia, les mostró algunos preciosos retratos de señoras y señoritas de la capital, entre los cuales reconocieron algunas amigas y conocidas, tan bien reproducidas que *sólo hablar les faltaba*, según la gráfica expresión de Elisita.

Doña María Josefa consintió de buena gana en que se retratara su hija, pero ella no quiso hacerlo.

Después que hubo sacado varias planchas o negativos el fotógrafo, volvieron a la sala.

El francés comenzó a examinar los muebles, los cuadros, los objetos de porcelana y de cristal de Bohemia, con una curiosidad que habría rayado en falta de educación, si no se hubiese excusado con la señora, diciéndole:

—Ya sabe usted señora, que los artistas somos curiosos y que nos agrada admirar el arte en todas sus manifestaciones. ¡Oh! y que magnifico cuadro es ese en que aparece la virgen, dando el pecho al niño! ¡Y aquel de nuestra señora del Refugio! Y este otro; y aquella fotografía iluminada!...

Y todo lo admiraba y hacía gestos y visajes de arlequín.

Un observador que hubiese estudiado la fisionomía de aquel hombre en tales momentos, habría conocido que toda esa fingida admiración ocultaba un pensamiento, un propósito deliberado. Buscaba algo, sin duda, porque sus ojos vivos recorrían todos los extremos del salón, con una movilidad extraordinaria. De repente los fijó en un cuadrito que se hallaba colgado en la cabecera de la sala.

—¡Oh! qué cuadro tan lindo! —Exclamó...

—Sí, —respondió doña María Josefa—, es una obra de arte, fabricada por uno de nuestros mejores plateros.

—¿Me permite Ud., verlo de cerca? —Preguntó Mr. Charmeil.

—Con mucho gusto —respondió la señora.

El fotógrafo lo descolgó con cuidado y empezó a examinarlo.

—¡Qué admirable cinceladura! ¡Y el retrato es magnífico!... ¡una obra de verdadero arte!... al oleo... qué sombras, qué luces y que toques tan bien dados, que colorido tan perfecto! ¿Quién es este joven?

—Mi esposo —respondió doña María Josefa.

—¿El señor Mendívar?

—Sí, cuando no tenía más de 20 años.

—¿No es cierto —preguntó Elisa—, que esta allí muy guapo mi papá?

—Por supuesto niña —respondió el francés—... y tan parecido a Ud... la misma cabeza redonda, la frente despejada, los ojos negros...

—¡Mamá! —Exclamó Elisa repentinamente—... tengo una idea... ¡Oh qué idea tan feliz!

—Veamos hija...

—¿Cuándo es el santo de papá?

—El sábado próximo, es decir, dentro de cinco días, puesto que hoy es lunes.

—Pues bien, yo querría hacer a mi papá un obsequio digno de él y de mí.

—¿Qué le regalarías, hija?

—Oye, mandaría sacar una copia de su retrato y otra del tuyo, del que hiciste cuando eras joven y que conservas en tu armario, los colocaría juntos en un precioso marco, contando por supuesto con qué el señor los hiciera; y cuando menos se lo esperase papá, cuando toda la familia y los amigos estuviéramos reunidos, le llevaría, entre flores, aquella ofrenda de mi cariño.

—¡Oh! niña encantadora! —Exclamó—... ni cosa más fácil, traiga Ud., la fotografía de su mamá.

—Pero hija —repuso doña María Josefa—, es un capricho singular.

—Es natural —repuso Charmeil—, el pensamiento no puede ser más noble y delicado.

D. María Josefa, que no sabía oponer la menor dificultad a los caprichos de su hija, accedió a sus deseos; y después de separar el lienzo del marco de plata, lo entregó al francés; haciendo lo mismo con la fotografía de su persona, que Elisa se presto a llevar.

—Con que, señor fotógrafo, —decía Elisa despidiendo a éste en la puerta de la sala—: ¿me promete usted bajo su palabra, que la obra estará concluida el sábado?

—Sin ninguna falta, señorita; el sábado, entre dos y tres de la tarde; a hora de la comida....

—Muy bien; sólo me falta rogar a usted que nos guarde el secreto; que nadie lo sepa, pues deseo dar a mi papá una grata sorpresa.

—Sí, muy grata, señorita, muy grata...

Y el francés, seguido del mozo, cargador de su famosa maquina, salió sonriente y satisfecho.

Una hora después, tres hombres se reunían en una de las habitaciones del "Hotel Americano."

Eran nuestros conocidos: Velarde, Mr. Blok y Charmeil.

Un español, un americano y un francés.....

Departían familiarmente, y en sus semblantes,

podía leerse la mayor animación.

Se hallaban en torno de una mesa pequeña, y cada uno tenía una copa de jerez, color de topacio.

Velarde dijo:

—Hermanos, estoy satisfecho de la conducta de ustedes, y a nombre de Margarita y del mío les anticipo las gracias.

—No tiene por qué darlas ¿acaso no hemos jurado defender al inocente, proteger al débil? —Respondió Mr. Blok.

—Conviene separarnos —interrumpió Charmeil—. Yo, tengo que trabajar mucho para concluir esas fotografías.

—Muy bien —dijo Velarde—, pero no olvidar que el sábado a las diez de la mañana en punto debemos estar reunidos...

—Lo tenemos presente...

—¡Adios!...

—¿No concluyen sus copas?

—Sí, a la salud de...

—A la G. del G. A. del U. exclamó Velarde.

Los dos extranjeros repitieron aquellas misteriosas palabras, apuraron el licor, y después de estrechar la mano de su amigo, salieron de la habitación dejándolo solo.

En la calle el francés y el yankee se separaron sin dirigirse ni una mirada, como si nunca se hubieran conocido.

CAPITULO XXVIII

¿Mr. Blok?
—¿Qué manda su señoría?
—Ya no puedo caminar...
—Haga usted un esfuerzo, fray Angélico, —respondió el interpelado—. Recuerde usted que tenemos que entrar en Guatemala muy temprano, lo más a las cinco de la mañana; son las dos, luego nos faltan tres horas y apenas vamos a comenzar a subir la cuesta de Villalobos.

—¡Ay de mí! —Exclamó fray Angélico, con acento dolorido.

Yo, que hace lo menos 20 años que no monto a caballo, que no camino más que en diligencia o a pie ¡tocarme una macha tan trotona y tan pajarera!

—La mía no es menos dura y molesta, Fray Angélico, pero ¿Qué quiere usted? Debemos conformarnos ya que en este país no hay ferrocarriles como en el mío, y que gran trabajo me costó conseguir estas bestias.

—¿Y el criado, Mr. Blok?
—Se ha quedado una legua atrás.
—¡Hum...! y los caminos tan obscuros...
—¿Sabe usted que no necesitamos de sol? A la sombra caminan mejor nuestras cabalgaduras, —respondió Mr. Blok.

—Sí —respondió Fray Angélico—, pero en la obscuridad nos sería imposible defendernos de un asalto.

—¿Por ventura hay muchos ladrones en este país?
—¡Oh! sí, muchos que, en cuadrilla, asaltan a los viajeros...

—¿Lleva usted armas, Mr. Blok?
—Llevamos una, respondió Mr. Blok sonriendo, más poderosa que una pistola y que una guacaluda de las que ustedes usan.
—¿Cuál es, Mr. Blok?
—La tranquilidad de nuestra conciencia, y el ojo invisible de Dios.
—¡Ah, Dios nos proteja!... —y fray Angélico calló.
La noche estaba obscura, el cielo nublado; aunque en Oriente comenzaba a dibujarse la suave claridad del alba, no era bastante luz para el temor del cura.
Nuestros viajeros atravesaron el riachuelo de Villalobos y comenzaron a subir la cuesta muy despacio.
De repente la mula que montaba Fray Angélico se encabritó; lanzó un resoplido, enderezó sus orejas hacia adelante y se detuvo.
—¡Mr. Blok, Mr. Blok! —Exclamó el cura con voz suplicante.
—¿Qué manda su señoría? —Respondió el yankee, con su fingido respeto.
—¿No ve usted allí; un bulto, adelante?
—Sí, veo un bulto...
—Y la mula no pasa...
—Oblíguela usted con las espuelas...
—He perdido una...
—Pues con la que tiene.
—¡Me botará!
—Pues... haga usted lo que guste.
—¡Ay de mí! Vea usted... el bulto se acerca... saque usted la pistola... dispare al aire un balazo... si son ladrones sabrán que venimos armados...
—Voy a complacer a usted, dijo entonces el yankee flemáticamente, y sacó una de sus pistolas...

apuntó al bulto que en realidad se acercaba; pero luego desvió la puntería, conteniéndose para no reír, y en seguida disparo... ¡Era una res!

El cura lanzó un grito de terror; la mula que montaba volvió grupas, y hecho a correr dando botes, en sentido opuesto, es decir, que descendía la parte de la cuesta andada.

Fray Angélico, sin tener fuerzas para detener la macha, la abandonó a su voluntad; y como su imaginación vivamente exaltada, le hacía ver abismos profundos, perdió por completo su serenidad.

—Mr. Blok, ¡por piedad! No me abandone usted... sálveme usted, Mr. Blok... —exclamaba con voz suplicante.

El yankee que también había vuelto grupas para alcanzarlo, le respondía:

—¡Ánimo! ¡Ánimo! Señor cura! ¡Agárrese usted bien...! ¡Vamos! —exclamó con ira— ¡ya está en el suelo!... bueno Ahora alcance usted la macha.

Efectivamente, Fray Angélico había caído al suelo: uno de los estribos de la silla chocó contra un árbol, y la ación se rompió, no pudiendo el cura mantener el equilibrio.

—Estoy ileso, Mr. Blok —dijo Fray Angélico, al darle alcance aquél—. ¡No se apene usted... ¡Estoy ileso, gracias a Dios!

—No es eso lo que importa, exclamó el yankee; lo que temo es que no se deje alcanzar la macha y que no podamos proseguir nuestra marcha... Y el yankee arrendó su cabalgadura.

—¡Ah! No me deje usted solo, Mr. Blok.

El yankee no respondió; hincó las espuelas en los hijares de su mula y corrió en pos de la otra.

Fray Angélico siguió con ojos espantados la silueta

de su compañero de viaje, y cuando esta se perdió en las ondulaciones del camino, al verse el sacerdote solo en el monte y en la obscuridad, sin amparo ni protección de ninguna clase, tembló de espanto. "¡Ah! —decía—, mejor hubiera resuelto escribir a su Excelencia el Presidente. Para obtener el indulto de Edmundo, no era necesario que yo me expusiera a estos peligros. Pero ese yankee, ese implacable acreedor, me ha amenazado y me ha obligado a ir a Guatemala. Verdad es que mi presencia allanará cualquier dificultad; pero, ¿y si no pudiera llegar? Estoy sólo, si me acometieran, si me mataran... todo estaba perdido...!

Afortunadamente, Mr. Blok dio alcance a la mula a doscientos metros, y volvió llevándola del diestro.

—Gracias, Mr. Blok, mil gracias —decía Fray Angélico—, pero ayúdeme usted a montar... estoy desollado... no tengo alientos para subir.

Mr. Blok tomó a fray Angélico por la cintura, y como si fuese un niño lo colocó sobre su silla. El cura lanzó un grito de dolor, pero no profirió una palabra.

—Paciencia, Fray Angélico —dijo Mr. Blok, recobrando su buen humor y su ironía—... si usted no fuera tan bondadoso ¿qué sería de ese pobre muchacho condenado a muerte?...

—No me mortifique usted con ese recuerdo...

—No quiero mortificarlo... pero sí hacer justicia...

Efectivamente, la sentencia puede ser confirmada, Edmundo fusilado; pero si usted consigue de su Excelencia el indulto se salvará...

—Sí, y de esta manera —dijo el cura con hipocresía—, repararé mis faltas, y usted... usted me dejara en paz. ¿no es cierto?

—Sí, lo dejaré en paz y le cancelaré la letra... A

menos que su Señoría se resuelva a pagar las 5,000 onzas, que buena falta me hacen.

—¿Se arrepiente usted de nuestro convenio? —Dijo el cura con inquietud.

—No, palabra de honor...

—Entonces, adelante... haré un esfuerzo sobrehumano y cumpliré mi promesa.

—Adelante —respondió Mr. Blok, conteniéndose para no ahorcar a aquel miserable, a quien impulsaba no el deseo de reparar su crimen, sino el miedo de desembolsar lo que debía.

¡Oh! ¡Cuán grande es el poder del oro para los avaros!

CAPITULO XXIX

Si alguna vez tomáis vuestro caballo, a eso de las seis de la mañana, en un día de verano, con un cielo despejado y de azul purísimo, bajo un sol espléndido pero suavizado por el fresco de la atmósfera, y seguís la dirección de *Pastores* o de Ciudad Vieja o de San Felipe; no cabe duda de que, con los pulmones llenos de oxígeno, la mente colmada de poéticas ideas, el corazón palpitante, sin fatiga y sin entorpecimientos, os sentiréis, aun cuando sea momentáneamente, dichosos.

¡Nada tan bello, en realidad, como los alrededores de la Antigua!

Así como en la ciudad todo es triste: sus ruinas, sus casas, sus calles siempre desiertas, sus sitios siempre llenos de escombros; en las afueras, en la hora en la que acuden centenares de indios cargando, sobre sus espaldas, los artículos con los cuales comercian; y cuando la atmosfera, saturada de suavísimos perfumes, penetra libremente en los pulmones; cuando a los ojos se presentan, completamente desnudos, los majestuosos volcanes; y sobre las faldas de los cerros se perciben los cuadros verdes, amarillentos, o acanelados de las propiedades recientemente preparadas para la siembra; cuando, a lo lejos, se divisan los cordones de labradores vestidos de blanco, que se encaminan a su trabajo, con esa simétrica movilidad de un cuerpo de ejército; y las manadas de ovejas, ascendiendo sobre las peñas, hacía las cimas, lanzando tristes balidos, al chasquido del látigo de su pastor, que parece la detonación de un petardo; cuando se escucha el dulce canto de los campesinos; y el murmullo de mil arroyos que bañan las vegas; el balido tembloroso de las cabras; y el relincho del indómito potro, que reúne su atajo; y el gorjeo de pájaros de todos los colores y matices, y el canto del gallo, que se impone en su corral; y el de la paloma que gimiendo revolotea entre los suquinayes, llamando a su dulce compañera; y el ladrido impaciente del perro; en fin, cuando de una sola hojeada se puede abarcar el espléndido cuadro que nos ofrece una naturaleza maravillosa, y la vida sencilla y dulce de los aldeanos; no puede uno menos que lamentarse de la existencia sedentaria de las ciudades, en donde el aire es infeccioso y deletéreo; en donde la murmuración, el chisme y el espionaje mantienen a las familias en perpetua división y a la sociedad perpetuamente alarmada.

Esto mismo debe haber pensado Mendívar, porque, dos días antes del aniversario de su natalicio, salió a caballo, seguido de *Pongón* y de un alguacil, y se dirigió a Ciudad Vieja, donde tomó un magnífico baño en aquellas deliciosas aguas, tan frescas y tan cristalinas.

Después de haber andado como dos horas, regresaba el señor Juez a su casa, pensando en lo dichoso que sería, si pudiese, renunciar a su vida de la ciudad, y buscar en el campo la tranquilidad del espíritu que había comenzado a perder.

Repasaba en su mente, la célebre oda, de Fray Luis de León:

"Que descansada vida
La del que huye del mundanal ruido,
Y sigue la escondida
Senda por donde han ido
Los pocos sabios que en el mundo han sido"

Y aun cuando él no era sabio, suspiraba, como no podía menos de suspirar, juzgándose víctima de sus propias pasiones, esclavo de su orgullo y su soberbia.

Allí, en el campo, se sentía dichoso. El vuelo de un ave, los encantos de una flor, la canción de una madre, que duerme en brazos a su niño; en sin, el más insignificante detalle de la existencia tranquila de los campesinos, llamaba su atención, le parecía nuevo y de un sabor tan grato como tierno a su alma atribulada.

Pero a medida que Mendívar iba entrando de regreso a la ciudad; al contemplar sus callejones sucios y lodosos; al ver aquellos edificios ruinosos y ennegrecidos por el tiempo; al sentirse objeto de las atenciones de los transeúntes, que rendían homenaje a su autoridad; al recordar su niñez, en medio del lujo, rodeado de todo género de comodidades; al observar la influencia que ejercer podía en los destinos de sus conciudadanos, de cuya inferioridad estaba envanecido; el hombre, tal como era, se dejó ver de nuevo, con su soberbia insultante, con su despreciativa y cruel sonrisa, su ceño adusto, y su mirada ardiente.

Y aquel hombre ya no tenía nada de lo que, por breves momentos, se había revelado en su semblante, ya él era el mismo que *debía ser*; no el que la naturaleza había arrullado por tan corto espacio de tiempo en su amoroso seno...

Poco antes de pasar por palacio, Mendívar vio su reloj; eran las ocho, y apenas le quedaban dos horas para estar en su casa y disfrutar de las caricias de su hija, el único ser que verdaderamente amaba en el mundo.

Instintivamente alzó los ojos, y divisó las torrecillas

de la cárcel. Entonces recordó que también tenía un hijo, aunque no reconocido; que ese hijo se hallaba en una bartolina, y que él, Mendívar, ¡le había condenado a muerte!

Una rabia interna hizo rechinar sus dientes. "¿Qué culpa tengo yo —se dijo— de no amarlo, de no haberlo conocido, de que la naturaleza no le hablara a mi corazón?

"Indudablemente, no todos los hombres somos iguales; y aun cuando ese joven tuviese sangre mía en sus venas, ya está mezclada con la de una *perdida*... Así pues, aun cuando sea mi hijo... *no debe serlo.*"

La autoridad no se equivoca, aunque se equivoque.

CAPITULO XXX

El sábado llegó.
Era el cumpleaños de don Diego, y había fiesta en su casa.
La familia y los amigos hicieron grandes preparativos para obsequiarlo.

Enfrente de la puerta de la casa, se construyó un arco cubierto con ramas de ciprés, *hojas de pacaya* y *flores de la tierra*.

El zaguán estaba regado de pino, y del techo pendían preciosas canastas de papel, ostentando en sus flecos los vivos colores, rojo, amarillo, azul y blanco de la bandera nacional.

En el patio había una enramada de ciprés y de pacaya; y del techo, alternando con las canastas llenas de flores, pendían los melocotones, los racimos de plátanos verdes y dorados y las flores de corozo y de coyol, tan bellas como adoríferas.

Abajo se extendía una larga mesa, capaz de contener cien cubiertos; y se colocaron convenientemente, de modo que no interrumpiesen el paso, macetas, en las cuales las rosas, los claveles, los lirios y los jazmines, esparcían sus deliciosos perfumes.

Sobre blanco mantel, se hallaba la magnífica vajilla, en perfecto orden, con sus platos de fina porcelana, ricamente orlados; sus cubiertos de plata y de acero, relucientes; al centro, los convoyes del mismo metal; lo azafates ostentando pirámides de frutas del país: los duraznos de Patzicía, las peras de Tecpam, las manzanas de San Juan, los mangos, mameyes, chicos, caimitos y jocotes marañones de Escuintla, provocaban el apetito.

Los corredores estaban regados de pinos y de

hojas de naranjo; y en los pilares, vestidos de cortinas tintas, tremolaban las hojas de plátano, las de pacaya y las blancas flores de *esquisúchal*.

Los salones, decorados como siempre, con la seriedad de la época, contrastaban con la alegría del resto de la casa.

Desde las ocho de la mañana, invadieron los corredores las diversas municipalidades indígenas de los pueblos de la jurisdicción, vestidos de gala, llevando sus presentes al señor Juez, consistentes en canastos de huevos, frutas, flores, gallinas, pavos, etc., etc., y el *besamano*, o sea bolsas de dinero, ya en plata, ya en oro.

Algunos le llevaban la zarabanda; otros una marimba, tocada por tres hábiles maestros de Totonicapán contratados al efecto.

Por supuesto, que el piano, la guitarra y la flauta, esperaban hacerse oír a la hora oportuna.

A eso de las dos de la tarde, los alones comenzaban a llenarse de gente.

Cincuenta o sesenta personas, de lo más notable y copicuo de la Antigua, se encontraban reunidas.

El Corregidor, vestido de gala, con su casaca negro-azul, con vivos rojos, bordada de oro, pantalón blanco-perla, con franja también de oro, el sombrero al tres o montado sobre el brazo, y guante blanco de algodón, ostentaba, en su pecho, varias cruces, ganadas ignoro en qué batalla y en qué época.

Las damas, vestidas con sus ricas polleras de gro, que, a causa de la crinolina, no dejaban ni siquiera entrever sus formas delicadas, peinadas a la moda, con sus ondulosos rizos colgando sobre las orejas.

Entre el conjunto de hombres serios, damas bellas, etc., no faltaban algunos curas con sus sotanas negras, que yendo de aquí para allá, pellizcando las mejillas de los chicos y diciendo alguna frase *un si es no es pecaminosa* a las doncellas, *alegraban* aquella reunión distinguidisíma.

El señor de Mendívar y su amable esposa, vestidos con el lujo que era natural en aquellas circunstancias, recorrían los salones desplegando toda su amabilidad para con los convidados; dispensando una sonrisa a unos, una frase cariñosa a otros; y a todos les hacían agradable su permanencia en la casa, con aquella galantería propia de gente fina y educada.

Nuestros mayores eran tan apegados a sus costumbres, tan metódicos y fieles observadores del orden que se habían trazado a sí mismos, que ni a un en casos extraordinarios como el que nos ocupa, se apartaba de los límites que le era preciso mantener.

La sopa no se servía, pues, a las siete de la noche, como por lo general se usa en nuestros tiempos, si no a las tres, hora a que, tanto los dueños de la casa como los invitados, tenían costumbre comer.

Uno de los caballeros que honraban con su presencia la reunión, era Velarde.

Sólo fray Angélico, amigo íntimo y pariente, no se encontraba allí.

Como el lector recordará, había partido para Guatemala, ignorándose el objeto de su viaje.

Elisa, la encantadora hija de los esposos Mendívar, con su movilidad infantil, iba de un punto a otro comunicando, a todos los amigos y parientes de confianza, la gran sorpresa que le preparaba a su papá.

En la cabecera del salón y en el punto de honor se veía una corona de bellísimas flores, en el fondo un marco de oro con el centro cubierto por un lienzo de seda, que, en el momento en que Conchita lo juzgase oportuno debía quitarse para poner a la vista los retratos de su papá y su mamá, que habían mandado hacer.

Ya estaba próxima la hora de tomar la sopa cuando Elisa se levantó, solicitando la cooperación de Velarde, que se hallaba a su lado.

El señor de Mendívar, con aquella tolerancia y consentimiento que tenía costumbre de dispensar a los caprichos de su hija, la dejaba hacer, sin que le importase que ella estuviese faltando a las reglas de la buena educación.

Elisa, de pie, dando una palmada con sus bellas y rosadas manecitas, exclamó:

—¡Atención, señores! He allí el obsequio que ofrezco a mi querido papá, el día dichoso de su natalicio.

Velarde, con el mayor cuidado, quitó la cortinilla de seda que cubría el marco de oro, y en el centro aparecieron dos fotografías de dimensiones bastante grandes para ser vistas, hasta en sus menores detalles, por los circunstantes.

La una era copia del retrato de don Diego, de que hemos hablado, y que lo representaba a los veintiún años de edad, con su traje de rigurosa etiqueta: pantalón blanco, frac o casaca azul con botones de oro, en un salón magníficamente amueblado; el otro era el propio don Diego, al parecer de la misma edad, pero vestido con un saco y pantalón deteriorados, de pobre tela, con la actitud humilde, las manos y los pies atados, y arrastrando una cadena de presidiario.

Los ojos de todos los invitados y los de don Diego mismo, se fijaron con curiosidad en el cuadro hacia el cual Elisa había llamado la atención; pero pronto los apartaron de él, con un desagrado indescriptible.

En una tira de papel y sobre fondo blanco, con

letras negras, se veía esta leyenda: "Don Diego S. de Mendívar, Juez de Primera Instancia de Sacatepéquez, y su hijo Edmundo Santisteban, condenado a muerte por robo sacrílego".

La sorpresa, el despecho y el terror, a un tiempo, se pintaron en el rostro de don Diego, quien, obedeciendo a un movimiento maquinal, se levantó, dirigióse a su hija, y cruzando los brazos, la interrogó con voz enternecida:

—¿También tú me injurias, Elisa?

La niña juntó sus manos, y cayó de rodillas ante don Diego, exclamando:

—¡Oh! no, padre mío, no he sido yo...

Entonces Mendívar, pálido como una estatua de mármol, con los ojos encendidos como carbunclos, bajó aquel cuadro, y dirigiéndose a doña María Josefa, la dijo:

—¿Qué significa esto, señora?

La buena esposa respondió tímidamente:

—No lo sé.

—Y tú, Corregidor, mi amigo, ¿tampoco lo sabes? ¿Y tú, Velarde?

Ambos hicieron un movimiento negativo con la cabeza.

El pobre hombre interrogaba en vano, con los ojos, a todos los circunstantes, que no sabían que creer, ni que pensar de aquella extraña escena.

—¡Ay! —exclamó al fin—, ustedes no lo saben, pero yo sí...

Y cruzó aquel salón, pálido como un cadáver, sin pronunciar otra palabra, y se internó en las habitaciones.

La fiesta, tan mal comenzada, continuó triste, como una visita de pésame.

Poco a poco fueron retirándose los invitados, y a las cinco de la tarde la casa de Mendívar se hallaba desierta.

Entre los últimos que se retiraron hallábase Velarde, a quien, al atravesar una calle, se le unió una sombra, que le dijo en voz baja:

—Acaba de llegar a casa del Corregidor un correo de la capital… Voy a averiguar lo que hay.

—¿Y Mr. Blok?

—No parece aun…

—Lo espero dentro de una hora en el hotel.

—Muy bien —respondió Charmeil—, pues no era otro.

CAPITULO XXXI

Una hora después se reunían Velarde y Mr. Charmeil en el "Hotel Americano."
—¿Qué hay, al fin, de ese correo? —preguntó Velarde con inquietud.
—¡Cosa horrible! Velarde, —respondió Mr. Charmeil, una carta de su Exelencia, en la que ordena al Corregidor, que hoy mismo, a las doce de la noche, haga salir al reo para Guatemala. La Corte no queriendo, sin duda, confirmar una sentencia tan inicua, pero temiendo revocarla, por no arrastrar las iras de su Excelencia, ha resuelto prolongar la solución del asunto, y para ello a dictado un.... *Para proveer*, y ordena que trasladen a Edmundo a la capital...
—Entonces es mejor, porque en Guatemala nos será más fácil salvarlo.
—Sí, pero Edmundo no llegará a la capital. *Pongón*, su mismo acusador y encarcelador, será el encargado de custodiarlo, y el medio de ultimarlo es muy sencillo: ya usted sabe; se finge una fuga, y se le mata.
—¡Qué horror!
—Pero ¿Qué le extraña a usted? ¿no es este uno de los medios usados en todos los tiempos, para con los sentenciados?
—Es verdad; pero ¿qué interés tiene su Excelencia en matar a ese joven?
—Ninguno en particular. Cansado de oír hablar de tantos crímenes, que a diario se cometen, y viendo lo tardío de los procedimientos legales, ha ordenado, secretamente, que todo el que sea capturado en flagrante delito de asesinato, robo, asalto, sea

pasado por las armas. Él cree que Edmundo debió haberlo sido en el acto de su captura; pero que, intencionalmente, el corregidor no quiso cumplir con su deber. Ve que la Corte anda en el asunto con pies de plomo, y en un momento de furor, motivado por el desobedecimiento a sus ordenes dictatoriales, ha dictado ese nuevo mandato de muerte.

—¿Cómo ha podido usted saber todo eso?

—Esas composturas pertenecen al mismo Corregidor, quien las comunicó a nuestro hermano, su secretario, el que hace pocos momentos me lo refería todo. A él le debemos el aviso del correo, y el contenido de los pliegos que leyó personalmente al Corregidor. Es un buen hijo de la V... es cubano; pertenece a uno de los mejores *centros* de la Grande Antilla, en cuya libertad sueña...

—¿Qué hacer, Mr. Charmeil? —exclamó Velarde, con desaliento.

—¿Y usted me lo pregunta, mi querido maestro? ¿Cómo quiere que yo lo sepa si usted lo ignora?

Velarde se quedó pensativo, y después de algunos segundos, dijo:

—Tengo una idea.

—¿Cuál?

Velarde se acercó al oído de Mr. Charmeil, y le habló algunas palabras.

—¿Y esa orden? —exclamó el francés...

—Lo salvaría...

—¿Pero quien?...

—Yo no puedo...

—¿Entonces?... ¡Sólo una madre!

—Eduardo la tiene...

—¿En dónde encontrarla?

—Yo la encontraré, aquí mismo, en casa, a donde

la he hecho conducir del hospital, para ponerla a salvo de la miseria.

—Lo que usted y yo no haríamos, tal vez, por una madre... lo realizará fácilmente una mujer por su hijo...

—Maestro, a veces me espanta su modo de pensar. ¿Cómo sabe usted eso?

—Porque allá en un Oviedo llora una pobre vieja por mí... y yo aun no he podido volver a mi patria para verla.

—¡Ah! También una mujer anciana llora mi ausencia.

—Pues bien... ellas harían por nosotros lo que Margarita hará por Edmundo.

Aquellos hombres se separaron, quedando de reunirse a las diez.

CAPITULO XXXII

En el mismo aposento en que hemos visto a don Diego firmar la sentencia de muerte contra Edmundo, se paseaba a eso de las once con visible inquietud.

Sus ojos extraviados despedían fugaces resplandores, sus cabellos estaban en completo desorden, sus labios apretados dejaban ver una espuma blanca, rechinaban sus dientes y se crispaban sus nervios. Parecía próximo a sufrir un ataque epiléptico.

Iba de un extremo al otro de la habitación y estrujaba un papel entre las manos.

Las palabras salieron lentas, entrecortadas, como arrancadas por la fuerza: "No... —se decía— es imposible... no puede ser... y sin embargo, todo me dice que Edmundo es mi hijo... ese retrato, esas facciones iguales a las mías,... los pasquines y anónimos, y hasta esta carta del Corregidor en la que se me ofrece que no se le causará daño alguno, no obstante que tiene órdenes terminantes... ya se cuales son esas órdenes. *Pongón* me lo ha repetido... se le fusilará esta noche en el camino... después el Corregidor se lavará las manos culpando a *Pongón*, y este esbirro miserable lo atribuirá a una tentativa de fuga... ¡Oh! ¿Por qué la Corte no ha resuelto el juicio aún? Ella hubiera podido salvarlo. Así lo creía yo cuando firme esa maldita sentencia... sin duda teme... no se atreve a confirmar ni revocar el fallo. ¡Y yo dejaré entretanto que asesinen a mi hi... sí, a mi hijo! Porque ahora el corazón me advierte que lo es... ¡Soy un asesino también... y un cobarde porque pudiendo salvarlo no lo hago... temo las iras de su Excelencia, y no he temido las de Dios! No puede ser... es necesario reparar mi crimen... debo salvarlo, y venga lo que viniere..."

El Juez abrió la ventana que daba hacía la calle para respirar el aire libre.

—¡Qué noche tan cruel, —se dijo— la niebla no deja percibir los edificios, llueve, llueve siempre con una tenacidad implacable, y el frío, el frío por sí solo es capaz de entumecer los huesos... ¡Como sufrirá Edmundo en aquella bartolina tan húmeda, tan desmantelada, sin ropas para abrigarse y sin lumbre! ¡Dios mio! Y me maldecirá con razón, porque él sabe que le he condenado sin otras pruebas que las fraguadas por fray Angélico... y entre tanto este amigo desleal, este sacerdote traidor, me abandona en los momentos en que mas lo necesitaba!...

El silbido estridente de la lechuza hirió en aquel instante los oídos de don Diego, quien no pudo menos de estremecerse

—¡Ah! —Exclamó—... ese es el anuncio de muerte... mi hijo va a morir y yo soy quien le mata!...

Pero de repente sus ojos brillaron con intenso fulgor, dibujándose en su fisionomía los signos de una resolución súbita e inquebrantable.

De una percha que había en la estancia tomó su sombrero, se puso su esclavina, empuñó el bastón con borlas, insignia de su autoridad, salió de puntillas al corredor, abrió la puerta de la calle, y como si fuese inaccesible a la lluvia y al frío se deslizó, apresuradamente como un fantasma, entre las sombras.

CAPITULO XXXIII

lgunos minutos después, si la niebla no hubiera sido tan espesa, hubiera podido verse un grupo de tres personas caminar hacia la cárcel. Eran dos hombres y una mujer.

Al llegar cerca del Palacio Municipal, estos se separaron de su compañera, quien subió lentamente las gradas del portal.

Oyóse el "quién vive". Que ella contestó con voz firme y resuelta.

Llegó sin vacilar a la puerta de la prisión y dió tres golpes, sin que nadie la detuviese ni dijera una sola palabra.

El centinela tiritaba de frío en una ventana que da hacia la calle.

Por una ventanilla de la puerta asomó una cabeza de soldado: era un sargento que con voz imperiosa dijo:

—¿Quién llama?

La enlutada alargó la mano y entregó un papel.

Cinco minutos estuvo la puerta cerrada y todo en silencio.

Al fin giró sobre sus goznes y la mujer penetró en el cuerpo de guardia.

El oficial, comandante de la misma, se presentó a ella, seguido de un sargento, un cabo y tres soldados.

Por mucho que estos lo deseasen les había sido imposible descubrir las facciones de aquella mujer enlutada, cuyo pañolón le cubría completamente la cabeza y el rostro, excepto los ojos.

—Pase usted adelante, señora —dijo el oficial de guardia.

La enlutada, que no era otra que Margarita, siguió adelante.

El alcaide se presentó al oficial con un manojo de llaves en la mano.

—¿Ve usted esta orden? —le dijo el oficial.

—Muy bien —respondió éste, después de haber leído—, la señora debe hablar con el reo y con ella no habrá precauciones de ninguna clase... Es orden del Corregidor...

—Muy bien; sólo que el reo está acompañado —dijo el alcaide por lo bajo...

—No tenemos que ver con eso; nuestro deber es cumplir y callar, respondió el oficial con voz imperiosa.

El alcaide inclinó la cabeza y dijo en voz alta.

—Señora, pase usted.

Margarita tomó la delantera; atravesaron el primer patio, llegaron al segundo y la pobre mujer vio iluminado un calabozo.

—Señora —dijo el alcaide—, el reo está en el calabozo, pero no sólo; una persona le acompaña; la dejo a usted aquí; si usted necesita de alguien, llame. Voy a colocarme en el pasillo, entre este patio y el anterior.

Margarita no respondió, y siguió la dirección de aquel calabozo; pero como oyese murmullo de voces, se detuvo a cierta distancia y escuchó.

Le convenía espiar, porque de otra suerte no podría llevar a cabo su propósito.

Haciendo el menor ruido posible se arrastró hasta la puerta del calabozo, y lanzó a su interior una mirada ardiente, inquieta.

Edmundo, pálido, con la palidez de los muertos, estaba de pie, descubierta la cabeza y con su vestido de siempre.

Enfrente de él un hombre, no menos pálido, con el ceño adusto, los brazos cruzados, cubierto con un gabán y una capa que cubría su traje de costumbre, se hallaba enfrente del prisionero. Margarita lo conoció, no obstante que hacía tanto tiempo que no lo había visto: ¡era Mendívar!

—Huye —decía éste—, quiero demostrarte que la naturaleza ha hablado al fin a mi corazón...

—Gracias, señor —respondió Edmundo—; pero no puedo... ¿Con qué derecho consentiré en que Ud., me sustituya?

—Pero si no huyes, serás esta noche fusilado...

—La muerte no me espanta ya...

—Huye, apenas falta una hora... tu padre te lo ruega, y Margarita sufre y llora su soledad... Morirá de miseria y de pesar si tu le faltas... ¿ya no la amas?

—¡Oh! si con toda mi alma!...

—Pues bien, sálvala...

Edmundo vaciló... Mendívar aprovechó aquellos momentos y tomando a su hijo por los brazos lo empujó hacia la puerta del calabozo que estaba abierta.

—Espera —dijo Mendívar deteniéndolo, y en un instante se despojó de su gabán, capa y sombrero, y vistió con ellos a su hijo... Tomó su bastón con borlas, signo de la autoridad, que había colocado en un ángulo de la prisión y se lo puso en la mano—. Adelante, hijo mío —le dijo—; acuérdate alguna vez de tu padre, que si ha sido un malvado, repara sus faltas por ti...

Y lo empujó.

Edmundo quiso retroceder, pero se sintió asido por una mano de hierro. ¡Era su madre, que lo había oído todo y lo obligaba a seguirla!....

Mendívar sin notar la presencia de Margarita, cerró la puerta del calabozo y se sentó en el lugar de Edmundo.

—¡Madre, madre! —Exclamó el joven.

—Silencio —dijo ella, y lo arrastró consigo.

Pasaron el primer patio, y al ver al alcaide, dijo Margarita:

—No se para que sirve a usted señor Mendívar, su bastón de autoridad si estos, como muchos otros servidores, no se inclinan siquiera ante su presencia.

El alcaide saludó humildemente con un movimiento de cabeza.

Atravesaron el segundo patio y el cuerpo de guardia.

Ninguno de los soldados que encontraron al paso, y que no conocían a Margarita ni a Mendívar, opusieron obstáculos a su salida.

El oficial dijo:

—señor Juez, a sus órdenes;

Y mando inmediatamente a abrir la puerta.

Nuestros personajes salieron, y a una cuadra los esperaban dos protectores, dos amigos…

CAPITULO XXXIV

¿Qué ha sucedido? —Preguntó Velarde a Margarita—. ¿Cómo se encuentra usted aquí?

—¡Ah! —Respondió Margarita. Ignorábamos usted y yo que Mendívar se me había adelantado.

—Sí —repuso Edmundo—, un cuarto de hora antes de que mi madre llegase, el señor Juez se hallaba en mi bartolina convenciéndome de que debía huir. Yo me resistí cuanto pude, porque aquel hombre al sacrificarse por mí, me hizo olvidar sus ofensas; pero vistiéndome con su gabán, su capa y su sombrero y poniéndome esta insignia de la autoridad en la mano, me empujó afuera del calabozo. Yo habría retrocedido, pero no tuve valor de resistirme a mi madre que estaba en el patio oyéndolo todo y esperándome.

—Muy bien —dijo Velarde—, todos han cumplido su deber.

—Sí, todos —respondió Margarita—, pero hay alguno que será sacrificado.

—¡Mendívar! —Dijo Edmundo.

—Es necesario salvar su reputación ¿Qué se diría de él mañana?

—En realidad —repuso Charmeil—, yo no encuentro un medio de evitar las consecuencias... sin embargo, habría sido peor que la señora apareciese en el calabozo vestida con el traje de Edmundo. Esos caníbales, como *Pongón*, habrían sido capases de fusilarla.

—¿Luego tu ibas con el propósito de sustituirme?
—Preguntó Edmundo a Margarita.

—Sí, ¿que tiene eso de particular?

—¡Ay madre mía; eso lo que tiene de particular es la nobleza y el amor que revela una resolución semejante!

Los cuatro personajes cruzaban la calle del costado izquierdo de la catedral.

En aquellos momentos se oyó el galope de un caballo.

Los fugitivos se detuvieron. Margarita exclamó con sobresalto:

—¡Nos persiguen!

—No tema usted, —respondió Velarde—, el jinete viene de fuera... Véalo usted, se acerca en dirección opuesta a nosotros.

A los pocos segundos Velarde lo distinguió.

Dio el español un silbido particular, misterioso, y el viajero se detuvo.

Velarde se acercó a él y lo reconoció; era Mr. Blok.

—Hasta cuando lo veo... —dijo el español.

—Aquí estoy al fin, con la orden de libertad.

—¿Se ha obtenido el indulto?

—¡Sí, total!

—Pues corra, corra usted Mr. Blok, no hay tiempo que perder porque Edmundo viene allí; y antes que se descubra su fuga, debe entregarse la orden de libertad. Voy en el acto a casa del Corregidor, respondió el yankee arrendando su cabalgadura.

—Lo espero a Ud., en el hotel, tan pronto como pueda.

—Allá iré.

Ninguno de los compañeros de Velarde percibió este dialogo.

El español se acercó a Margarita y le dijo:

—Señora la providencia nos protege. Edmundo

ha sido indultado totalmente, y ese correo con quien acabo de hablar lleva la orden de libertad.

—¡Gracias al cielo! —Exclamó Margarita.

—¿Entonces mi padre está a salvo también? —Preguntó el joven.

—Por supuesto.

—Es necesario separarnos —dijo Velarde—, pues deseo ver consumada nuestra obra.

Mr. Charmeil, agregó:

—Acompañe usted a la señora y a Edmundo a casa, en donde pronto nos uniremos, voy yo a seguir el correo.

Velarde tomó la dirección del Corregimiento. Al pasar por él se junto con *Pongón*, que salía y a quien saludó. Éste iba en el acto a cumplir la orden de su Excelencia, poniendo en libertad al reo.

—¿A dónde va tan tarde mi don Justo? Preguntó *Pongón* con salamería.

—A mi casa, ¿y tú?

—Voy a la cárcel.

—¿A estas horas? ¿hay alguna novedad en el presidio?

—Voy a poner en libertad a uno de los mayores criminales.

—¿A quien?

—A un ladrón, recientemente condenado a muerte por el robo de las alhajas de Nuestra Señora de las Mercedes.

—¡Ah! —Exclamó Velarde, fingiendo la mayor sorpresa. Y enseguida agregó—: Anda pues a cumplir tu deber, y si después quieres calentarte el *gaznate* con una copa de buen coñac o de jerez, acércate a casa que aun estaré levantado.

—Gracias, don Justo, si tengo tiempo allá estaré.

Y continuó cada uno su camino.

Sigamos al esbirro.

Tan pronto como este presentó la orden de libertad, fue conducido al calabozo del reo. *Pongón*, que temía que Edmundo le guardase rencor por haberlo calumniado, quiso comunicarle personalmente la fausta nueva de su libertad.

Acompañaban al alcaide dos soldados con bayonetas y un encargado que llevaba en la mano un farolillo.

El alcaide quitó llave y la puerta se abrió.

Casi al mismo tiempo se oyó en el interior del calabozo una imprecación terrible y una voz ronca, pero enérgica, que exclamó:

—¿Ya vienen a fusilarme? ¡Ah! miserables atrévanse conmigo!, y verán si es empresa fácil.

Pongón y el alcaide se detuvieron y el soldado acercó el farol.

A su escasa claridad vieron a un hombre con la camisa completamente hecha jirones; los puños cerrados en actitud amenazadora; los cabellos en desorden; los ojos extraviados como de un febrífugo; los dientes apretados, rechinando, y la boca cubierta por una espuma *sanguinolenta*.

Pongón y el alcaide retrocedieron asombrados al reconocer a Mendívar.

Este a su vez fijó los ojos en el oficial y dió un rugido; y con un movimiento rápido, inevitable, se lanzó sobre él, lo asió por los hombros como si hubiese sido una paja y lo arrojó al fondo del calabozo.

—¡Vas a morir! —Dijo Mendívar fuera de sí, y la lucha más espantosa se entabló entre ambos en el acto.

Pongón en el suelo, con el cuello oprimido por

unas tenazas de hierro, que eso parecían las nervudas manos de don Diego, trataba en vano de defenderse.

Su agresor le oprimía más y más a cada momento, y gritaba:

—¡Saca, saca esa lengua viperina que ha contribuido con sus calumnias a que yo condenara a mi hijo. Sácala, hasta que yo pueda arrancártela... y después, yo te seguiré... porque voy a ser fusilado... lo oyes.

En vano el alcaide y los soldados intentaron separar aquellos dos cuerpos, que convertidos en una mole informe, rodaban por el suelo, chocando contra las paredes, dando botes y lanzando resoplidos, semejantes a los de un toro furioso.

Pongón ya no respiraba; estrangulado casi por completo, con la lengua espantosamente prolongada; los ojos próximos a saltarse de sus órbitas, producía un ronquido sordo y terrible: era estertor de su agonía.

Mendívar, sin dejar de oprimirle el cuello, repetía:

—¡Saca, saca esa lengua, calumniador, hasta que pueda arrancarla con los dientes!...

Y en un acceso de verdadera furia, furia de loco, llevando a cabo su amenaza, desgarro con sus dientes aquel órgano he hizo brotar la sangre ennegrecida por la asfixia.

¡Fue el beso de la muerte, el último que el esbirro recibió!...

Cuando entre varios soldados de la guardia pudieron separar a aquellos dos hombres, contemplaron con horror, al uno muerto, al otro inmóvil, rígido, pálido y con los puños aún cerrados, victima de un ataque de epilepsia.

CAPITULO XXXV

Como don Justo lo anunciara a sus amigos, Margarita, que estaba restablecida de su salud, había sido trasladada a su hotel, para ponerla al abrigo de su miseria.

Amelia había continuado prodigándole sus cuidados; y siendo ya imposible ocultarle la prisión de Edmundo, tuvieron que imponerla de todo.

Gran trabajo costó a don Justo evitar que la pobre madre se entregase a los extremos y arrebatos a que era natural que condujese su dolor; pero al fin logró tranquilizarla.

Amelia se había hecho amiga íntima de Margarita, y por ese motivo no vaciló en confiarle su amor por Edmundo; amor que había crecido rápidamente desde que supo por Velarde que el joven era más desgraciado que culpable; y cuando conoció toda la historia de aquellos seres desgraciados, lo noble y desinteresado de la conducta del joven que voluntariamente se había entregado en poder de fray Angélico, lo juzgó digno de su amor y de su estimación.

Pero el deber exigía de Margarita no ocultar a don Justo, su protector generoso, el amor de los jóvenes; así fue que se decidió a referirle cuanto el buen español ignoraba.

Convinieron entonces en que no se darían por entendidos con sus hijos, hasta no ver el resultado de la causa o el giro que tomaran los acontecimientos.

No fue, sin embargo, posible, ni se creyó necesario ocultar a Amelia el plan que Velarde había fraguado para lograr la fuga de Edmundo; por lo que, cuando Margarita y sus dos compañeros salieron de la casa con tal objeto, la joven se encerró en su aposento y se puso a orar.

Cuando oyó que la puerta de la calle se abría, después de algunos minutos, salió temblando de inquietud; y al percibir a Edmundo y a Margarita no pudiendo contenerse, exclamó:

—¡Salvos, salvos todos!

—Sí, repitió Margarita... ¡mi hijo ha sido indultado!

—Vamos a dar gracias a María, puesto que a ella debemos tanta felicidad —repuso Amelia.

Charmeil se despidió y al poco tiempo llegó don Justo.

Hallábanse reunidas las dos familias, cuando el buen español les dijo:

—Edmundo... Amelia... sé lo que pasa en vuestros corazones... pero no sería prudente precipitar los acontecimientos: si dentro de tres años Edmundo ha observado una conducta ejemplar, como no lo dudo; y si aún se aman ambos, le entregaré la mano de mi hija a quien él salvó un día la honra y la existencia; ¡sea este, oh joven! ¡El premio de tu generosidad!

Los jóvenes cayeron de rodillas y dieron infinitas gracias a aquel hombre tan extraordinariamente generoso.

—¿Y *Chiquirín*? —Preguntó repentinamente Amelia—, ni él ni Mimí han venido.

—Es extraño —dijo don Justo—, porque les había citado para que reuniesen esta noche, por si se les necesitaba.

—¡Ah! —Repuso Edmundo—, algo extraordinario les sucede, pues yo sé que ellos son buenos y me aman; cuando no han venido es porque no han podido. Quisiera ir en el acto a verlos.

—Es imposible con esta noche —replicó Margarita, temerosa de que tan pronto saliese Edmundo a la calle.

—Esperemos —agregó don Justo—, al amanecer... ahora sería inútil nuestra salida con tal obscuridad.

CAPITULO XXXVI

El temporal de aquel año fue tan crudo y desastroso, que aún le recuerdan con horror algunas personas que lo presenciaron.

Más de ocho días y sus noches, llovió incesantemente, no sólo en la capital de la República y en la mayor parte de los departamentos, sino en el Salvador y otros Estados de América Central.

En el número 47 de *La Gaceta* de octubre de 1864, se dan algunas noticias de los desastres producidos; entre ellas la de que en la ciudad de Quetzaltenango, se desplomó una pared, en ocasión que pasaba el presidio, sepultando cinco parejas de reos y un soldado.

El Comandante del puerto de San José, que lo era a la sazón el C. don Julio César de Garrido, escribía una carta que nos da idea de los estragos causados; carta que también fué publicada en el mencionado periódico oficial, y puede leerse en el citado numero.

A eso de las cinco de la mañana, Edmundo y Velarde se pusieron en camino con dirección a la casa de *Chiquirín*. La lluvia azotaba sus rostros y el cierzo helado los hacía tiritar de frío.

La ciudad estaba cubierta por una sábana blanca, los altos picos de los volcanes de Agua, de Fuego y de Alotenango, apenas se percibían envueltos entre la niebla.

El sol, completamente oculto, no esparcía sus benéficos fulgores sobre la tierra, que parecía tan triste como debió serlo en una de las épocas de formación del globo terráqueo.

A cortos intervalos se estremecía la ciudad,

agitada por fuertes convulsiones plutónicas, y se oían los gritos de millares de personas que afligidas, esperando la conclusión del universo, salían de sus casas, temiendo más los peligros de ser sepultados bajo las ruinas de los edificios, que los rigores del frío y de la lluvia.

"¡Santo Dios y Santo fuerte, Santo inmortal!" era el grito incesante que clamaba y pedía al Ser Supremo aplacase las iras de la naturaleza.

Los gallos, que casi siempre anuncian los temblores, no cesaban de cantar, alarmados en sus corrales; y los chiquillos que lloraban llenos de espanto aumentaban la consternación general.

Edmundo, seguido de su compañero, marchaba apresuradamente.

Llegaron a las ruinas del convento, que ya conocen nuestros lectores, y el espectáculo más inesperado se presento a sus ojos.

"El pensativo," que corre a veinte o treinta *brazadas* de las ruinas, había crecido tanto, que saliendo de madre las inundó por completo.

El rumor del río dejaba comprender la impetuosidad de sus corrientes. Habíase formado una laguna en el espacio que fue en otro tiempo iglesia, y algunos trozos de ladrillo y piedra, restos de columnas y arcadas, habían caído por efecto de la humedad y de las frecuentes trepidaciones del suelo.

La entrada a la bóveda estaba casi obstruida, y solamente había quedado una apertura o agujero que sin ser suficiente para poder dejar pasar un cuerpo humano, sí lo era para que por ella penetrasen las aguas.

Edmundo, presintiendo una desgracia horrible, sin hacer caso del frío ni del riesgo que pudiera correr, se internó con el agua a la cintura hasta llegar a la boca de la cripta, y por aquel estrecho agujero lanzó sus miradas ansiosas.

Entonces percibió una luz viva y rojiza, vio que la bóveda estaba inundada, como dos varas sobre el nivel del suelo, y que aquella luz era producida por el candil que, colocado sobre un cajón de madera, flotaba como en una pequeña barca. Percibió los cuerpos de dos seres humanos, que flotaban también sobre las aguas, y pudo conocer, a la triste claridad esparcida por la débil llama del candilejo, los rostros deformes y espantosamente abultados de sus dos amigos.

Y no pudiendo el joven resistir tan horroroso espectáculo, se apartó de aquel sitio, exclamando con desesperación "¡Ahogados, don Justo, ahogados!"

El español se acercó, y, apenas percibieron sus ojos el cuadro que tanto había impresionado a Edmundo, lanzó también un grito; pero como viese al joven mesarse los cabellos y oyóse sus sollozos, le tomó de la mano y le dijo: "vamos, Edmundo, recuerda que nos esperan Margarita y Amelia".

—¿Y dejaremos esos dos cadáveres insepultos? —Preguntó.

—No, Edmundo, daremos parte a la autoridad y ella nos prestará su ayuda para cumplir con nuestro deber.

Los dos personajes huyeron apresuradamente de aquel sitio, llevando en el alma la más profunda consternación y pesadumbre.

CAPITULO XXXVII

La noche anterior a la fuga de Edmundo, *Chiquirín* y Mimí se durmieron como de costumbre, sin sospechar que "El Pensativo", ese manso arroyuelo, cuyas suaves corrientes nada tienen de amenazadoras por lo general, iba creciendo con rapidez, que muy pronto inundaría sus alrededores, como en efecto sucedió.

Las aguas penetraron entre los escombros del ruinoso convento, formando la laguna que contemplaran con asombro Edmundo y don Justo, hasta subir al nivel de la entrada de la cripta, la que como es natural, dio paso al torrente que se precipitó en el interior, formando una especie de cascada de seis o siete pies de altura. Parecía que todo "El Pensativo" se hubiese desviado y dirigido a la bóveda.

Nuestros jóvenes se despertaron sobresaltados, en los momentos en que el agua llegaba a lamer la orilla de su lecho de paja.

—¡Mimí! ¡Mimí! —Exclamó *Chiquirín* con sobresalto—, parece que la casa se nos inunda. Vístete, vístete pronto que si no, el diluvio no nos dejará salir...

La joven, tiritando de frío y de miedo, comenzó a vestirse apresuradamente.

El candil de hoja de lata hallábase sobre un cajón, al cual estaba clavado, de manera que aun cuando el liviano mueble fuese transportado, aquella lámpara no se cayese, con cuyo recurso, ideado por *Chiquirín*, se evitaba que al menor choque se derramase el aceite que lo alimentaba.

—¡Ah! —Dijo el joven—, es necesario tener luz,

por una precaución natural, tomó el cajoncillo y lo colocó sobre la mesita que se elevaba unos cuantos pies sobre el suelo, y estaba apoyada contra la bóveda.

—¿Estás lista, Mimí? Toma lo más necesario: tu chal, tus joyas, el dinero... eso es, muy bien; yo tengo ya lo mío.

En aquellos instantes oyóse un estruendo espantoso, como si sobre la bóveda hubiese caído un enorme peso, y trepidó la tierra haciendo vacilar la mesa, la que no obstante esto se mantuvo de pie.

—¡Tiembla, Mimí, tiembla!

—¡Huyamos —respondió la joven, precipitándose hacia la salida, y sin que le importara el torrente que caía de lo alto y que la bañó por completo; subió las gradas que conducían al piso, en donde en lejano tiempo estuvo la iglesia, pero en seguida retrocedió con espanto, y dijo:

—*Chiquirín*: la puerta esta obstruida... sólo hay un agujero por donde el agua cae; pero no podemos pasar por él... es muy estrecho, parece que inmensas piedras han sido arrastradas por la corriente...

Chiquirín se lanzó a su vez hacia la salida, introdujo su cabeza en la abertura llena de agua y se convenció de que era imposible pasar por ella.

—¡Estamos perdidos! —Exclamó.

—¡Perdidos! —Repitió Mimí.

—¡Sí, para siempre... aquí el agua que llenará la bóveda... afuera esa roca que invencible... ¡Dios mío!...

Y el joven palideció y se crisparon sus nervios.

Entretanto el agua subía, subía continuamente.

Transcurrieron algunas horas durante las cuales los infelices eran presa de la más espantosa agonía moral.

Ya el agua les llegaba al pecho, y apenas podían tenerse en pie.

—¡Qué terrible es morir así! —Exclamó Mimí con voz debilitada— ...preferiría de una vez...

—¡Ay! —dijo Chiquirín— ...por no verte sufrir, sería capaz de soportarlo todo, Mimí...

La joven había perdido las fuerzas, su cabeza se desvanecía, dobló su cuerpo y se dejó caer pesadamente, sumergiéndose en el agua. Pero casi al instante se incorporó, como movida por un resorte, sosteniéndola *Chiquirín* entre sus brazos, y arrojando el agua que había bebido, exclamó:

—¡Aire, aire... me ahogo!

—¡Y no poder darte el que aún tengo en los pulmones! —Rugió el joven con rabia.

—Quisiera morir de una vez... es mejor... —murmuró la desgraciada.

—¡Ah! —Dijo Chiquirín— ...¡qué idea!... tente bien contra la pared, no pierdas las fuerzas, espérame...

Chiquirín corrió hasta la mesita, abrió una gaveta y sacó un puñal que tenía allí guardado; en seguida presentándoselo a Mimí, la dijo:

—Oye, amada mía... ¿Crees en otra vida?

—Si. —Respondió ella.

—Entonces ¿me seguirás amando después que muramos?

—Sí, siempre! Siempre!...

—Toma, pues.

Mimí tomó el arma al mismo tiempo que fijando su mirada amorosa en *Chiquirín* le presentó su frente, que el joven besó mil veces con delirio.

Oyóse un golpe seco, un débil gemido, y el cuerpo de Mimí cayó desplomado.

Chiquirín le arrebató el puñal, asió con la izquierda el cuerpo de su amada, e hiriose instantáneamente en el corazón, murmurando:

—Vamos... a otro mundo... mejor...

Después de algunas horas los cadáveres salieron a la superficie, iluminados por el candil que flotaba sobre el cajoncito de madera, como en una pequeña barca.

CAPITULO XXXVIII

Hemos concluido al fin —decía Velarde a sus dos amigos poco tiempo después de los sucesos relacionados—; sólo que no esperábamos un desenlace tan trágico como la muerte de ese esbirro y la locura de Mendívar. Empero, debemos creer amigos míos, que la providencia lo había dispuesto así. Justo parece que Mendívar mal padre y mal Juez, arrepentido de su indigna conducta, cayese en una desesperación tan violenta que lo condujese a la demencia. En cuanto a *Fongón*, ha sido también castigado por la serie de crímenes cometidos durante su larga y perniciosa existencia. ¡A cuantos desgraciados sepultó en tristes prisiones su lengua de esbirro, de espía y de calumniador! Y para colmo de su castigo ha sido muerto por su propio cómplice. ¡Descanse en paz!...

—¡Sólo fray Angélico no ha purgado aun sus delitos! —Exclamó Charmeil.

—¡Vaya si no! —Respondió Velarde. Que le refiera Mr. Blok su castigo.

—Sí, —dijo éste—; usted ignora Mr. Charmeil lo que paso a referirle. Apenas llegamos a Guatemala, Fray Angélico se sintió enfermo; el frío intenso, el aire del camino, sus penas morales y sus dolores físicos lo tenían atemorizado; pero cediendo al aguijón de la avaricia, cumplió su palabra. Probablemente el Arzobispo, impuesto de la trama que contra Edmundo se había fraguado, y obedeciendo a su proverbial bondad, se presentó a su Excelencia, que le concedió el indulto total del reo. Cuando llegué a casa de Fray Angélico, según habíamos convenido para saber el resultado de sus gestiones, lo encontré en cama, sufriendo horriblemente del pecho.

—Aquí tiene usted —me dijo—, la orden de indulto total... puede usted mismo llevarla al Corregidor de la Antigua.

"Leí la nota de su Excelencia, pues la cubierta no estaba cerrada, y después de guardarla en mi bolsillo, le dije: muy bien, Fray Angélico, usted ha cumplido su palabra, ha reparado sus faltas y Dios se lo tomará en cuenta.

—¿Y la letra? —Exclamó con avidez.

—¡La letra! Respondí soltando una carcajada que lo hizo incorporarse estremeciéndose; la letra si no es pagada hoy mismo, la endosaré al Ministro de los Estados Unidos de Norte América, ante quien ni usted, ni sus herederos, en caso de muerte, se atreverán a aparecer insolventes. Además, permítame usted acusarlo criminalmente por la calumnia, soborno etc., etc.

—Ah! —Repuso con una rabia tan grande, como impotente: me ha engañado usted.

—Juzgue mi conducta como quiera, Fray Angélico —le respondí con calma—; pero mi resolución es irrevocable. Para que usted se decida a tomar la suya, lo dejo durante cinco minutos.

"Vi la hora y pase a la habitación inmediata. Transcurrido ese tiempo, volví. Estaba el pobre hombre demudado; se conocía que sufría mucho, a consecuencia de la lucha tremenda que acababa de sostener.

—Han pasado los cinco minutos —le dije— ¿Qué ha resuelto Ud?

"Sus ojos extraviados se fijaron en el escritorio cercano. Comprendí su idea, tomé pluma y papel, y le dije:

—A sus órdenes ¿Qué desea que escriba su Señoría?

"El miserable, con voz lenta, pausada y triste, como si cada palabra arrancase un pedazo de su corazón, me dictó una orden de pago, dirigida a una de las casas más ricas de la capital.

Fray Angélico, con mucho trabajo la firmó, y después de guardarla le dije: *el tiempo es dinero*, y yo no tengo un minuto que perder... Adiós, voy a cobrar mi dinero.

—¡Y mi letra, mi letra! —Exclamó alargando hacia mí sus manos descarnadas como las de un esqueleto.

—La letra le será a usted devuelta, tan pronto como tenga en mi poder las 5,000 onzas y los premios.

—Ah, infame inglés —exclamó—, quiere Ud., robarme... cobrar dos veces la misma deuda.

—¿Y quién me asegura —le respondí, sin hacer caso de sus injurias—, que esta orden de pago no sea una farsa más para apoderarse del documento de crédito?

—¡Mi letra, mi letra! —Dijo de nuevo, intentando incorporarse, aunque en vano.

—Hasta luego —le dije y salí, dejándolo sumido en la más cruel desesperación.

"Me había burlado de él como el gato del ratón; pero en ello seguía exactamente el plan que nos habíamos propuesto de antemano. Lo castigaba además, en representación de la Providencia... una hora después volvía a su casa, cuando ya estaba en mi poder las 5,000 onzas, mas 900 pesos, correspondientes al interés de tres años. Al verme alargó la mano. Le entregue la letra y le dije:

—Con ella le doy el perdón de Edmundo.

Aquel hombre no me oía, presa su alma de un

gozo indecible e imaginario; y como si aquel pedazo de papel valiera algo, lo estrechó contra su pecho, exclamando:

—¡Oh mis 5,000 onzas! ¡Mi letra! ¡Aquí la tengo ya; que venga ahora el inglés a robármela!

"Salí de aquella casa con el corazón oprimido al pensar hasta que grado de extravío y de abyección, puede conducir la avaricia".

—Perfectamente —exclamó Mr. Charmeil dando una palmada en la espalda de Mr. Blok—: ¡ha desempeñado usted su papel con una perfección admirable! ¿Pero cuál ha sido el fin de Fray Angélico?

—Debe estar aun enfermo, pero creo que ese hombre no morirá todavía; continuará durante algunos años su vida de hipócrita para que lo hagan Obispo...

—¿Y nuestros amigos? —preguntó Mr. Blok a Velarde.

—Han partido hace tres días para el puerto de San José, en donde se embarcarán con dirección a Costa Rica, para ir a fijar allá su residencia.

—¿Y nosotros qué haremos? —Preguntó Charmeil con cierta expresión de tristeza.

—¡Separarnos! —Respondió Velarde, con acento no menos apesarado que su amigo—. Seguir cada uno nuestro camino: Mr. Blok a Quetzaltenango a ganar plata con su comercio; Mr. Charmeil a recorrer los pueblos con su máquina fotográfica, hasta que logre establecerse definitivamente; y yo a mi hotel, a servir a mis parroquianos, mientras puedo volver a mi patria rico, si no feliz, para hacer dichosos a los míos.

Los tres amigos estaban impresionados. Al separarse, tal vez para siempre, sus ojos se humedecieron, y sus manos se enlazaron a impulsos de la más sincera y tierna amistad.

La Gaceta que llegó a don Justo aquel mismo día, anunciaba que la cuadrilla de "Barbas de Oro", había partido para San Felipe del Golfo a cumplir 20 años de presidio, que se le impusiera por asesinato y robo…

CAPITULO XXXIX

Entre Alajuela y San José de Costa Rica, en un extenso valle regado por doquiera de cristalinos arroyos que descienden de las montañas, formando a veces bellísimas cascadas, y otras, deslizándose entre las profundas quebradas, hasta esparcirse por las planicies cubiertas de una vegetación exuberante; sobre una pequeña colina, en su mayor parte convertida en huertas, en donde se ven los frutos mas estimables y ricos de América, se levanta una bonita casa de campo, con sus extensos corredores como de cuarenta *brazadas* de largo y su techo *coloradiento*.

A un lado de aquella colina, entre flores campestres, y rozando las ramas de los pimientos, de los sauces y de los tamarindos, corre el arroyo, sobre cuya superficie se ven blanquear las bandadas de patos y de gansos.

En la llanura se extiende una plantación de cafetos de hojas verdes y relucientes, que alternan con las blancas flores, tan puras como bellas.

Más adelante la perspectiva de las montañas, sobre las cuales descuella El Poas.

Enfrente de la casa, un palomar, en cuyo derredor revolotean esas preciosas aves, símbolo de la voluptuosidad y del amor.

Allá en el prado, cubierto de verde teocinte, las vacas paciendo tranquilas, mientras sus becerros recorren los alrededores, dando saltos y votes de mata en mata.

En el corredor de la casa, sentadas en anchas butacas de cuero de res y de venado, se hallan dos mujeres: la una como de cuarenta y cinco años, con los cabellos casi blancos, se entretiene en hacer saltar sobre sus rodillas a un niño como de un año, sonrosado y primoroso, de ojos grandes, labios color de granada, y cabecita rubia, que parece reflejar los dorados rayos del sol. El niño se sonríe y comienza a balbucir las primeras palabras: papá y mamá. Con sus manecitas como capullos de algodón, pretende abrir la boca de la señora, quien a cada uno de aquellos movimientos le da un beso. ¡Es Margarita con su nieto!

Muy cerca otra mujer, joven y bella, como de 23 años, se ocupa en hacer calcetas de lana, y sus ojos vagan, continuamente, del niño al camino que conduce a la casa, lanzando amorosas miradas.

De repente exclama:

—¡Allá viene, allá viene Edmundo!

Ambas se levantan y corren al encuentro del viajero.

Representaba entre veiticinco a veintiseis años. Montaba un caballo criollo, retinto, de grande alzada; vestía ropa blanca y azul, de casimir, sobrebotas de cuero amarillo, sombrero de anchas alas, de forma mejicana; en el cinto llevaba un cuchillo de monte, y a cierta distancia le seguía saltando un hermoso perro.

El viajero se detuvo y exclamó:

—¡Mi madre! ¡Amelia!

Y dio a la primera un beso en la frente, y otro a la segunda en la mejilla.

En seguida tomó al niño que Margarita le ofreció, y sentándolo sobre la manzana de la silla, dió unas cuantas vueltas, colmándole de las más tiernas caricias.

Edmundo se apeó y observando a la vieja Anselma que salía también a recibirlo, le dijo:

—¡Que tal mi buena Anselma!

—Muy bien señor... aquí, esperándolo con ansia.

—No ha sido muy larga la ausencia: dos días nada más.

—Cierto, pero a mi me parece el tiempo mas largo cuando no esta usted en casa...

—Gracias, buena amiga.

—¿Y tú mi esposa como has estado? —Preguntó Edmundo a Amelia.

—Bien, Edmundo, sólo un poco triste por ti.

—Pues aquí me tienes, amada mía.

—Y tu mi madre ¿Qué tal?

—Perfectamente: ya sabes que cuando te ausentas, me queda el pequeño Edmundo que es tu retrato; es decir, de cuando tenías la misma edad que él.

—¡Bendito sea Dios! —Dijo Edmundo—, que después de una corta ausencia, los encuentro a todos rebosando salud y felicidad...

Amelia, con el gozo pintado en el semblante, presentó a Edmundo una carta de don Justo, en la que anunciaba que había resuelto pasar al lado de sus hijos los pocos años que le quedaban de vida, a cuyo efecto había realizado todos sus bienes y próximamente se pondría en marcha para Costa Rica.

La presencia del generoso español completaría el cuadro sencillo pero bello que, cinco años antes, surgiera en la mente exaltada de Edmundo, cuando en medio de la desesperación y la vergüenza por su caída, vislumbró en su horizonte la estrella luminosa que debía de conducirlo al término de sus angustias.

¡Felices los que, como Margarita y Edmundo, supieron levantarse del fango resbaladizo del crimen; y más felices los que, como Amelia, supieron tender al desgraciado la mano caritativa que levanta!

En el tremendo oleaje de la vida, tened por cierto que el único guía que puede conducir al hombre a la realización de sus nobles y generosos fines, es el amor, ¡fuente de todas las virtudes!

Fin.

Impreso en Estados Unidos
para Casasola Editores

MMXV

www.ingramcontent.com/pod-product-compliance
Lightning Source LLC
Chambersburg PA
CBHW020925090426
42736CB00010B/1046